Movie &TV

影视艺术类专业考前专项突破教材

即兴评述话题宝典

（第2版）

赵海卫 主编

中国传媒大学出版社
·北京·

第2版修订说明

《即兴评述话题宝典》自2013年出版以来，受到广大考生的好评。有些考生读书非常认真，指出书中的错漏之处，并提出修改意见和建议。在此，我们向广大读者致以衷心的感谢！本书的销量逐年上涨，说明有越来越多的考生选用本书。本着对考生负责的态度，我们根据近几年的试题变化和热门话题对本书进行了修订。

本书收录了各院校历年即兴评述考题，进行了系统科学的分类，提供了详细完整的答题思路，便于考生掌握即兴评述的应试方法和实战技巧。本书适用于播音主持、影视艺术等专业即兴评述、口语表达等考试科目，也适用于语言表演等级考试。

第2版做了如下修订：一是，将部分话题的类别进行了调整，使话题归属更准确；二是，删除时效性比较强的话题，比如两位农民工患感冒被疑甲流、如何看待大量出现的民生类节目、如何看待当下的韩剧热等。三是，增加了近几年的考题和热门话题，比如怎样看待全面放开二孩政策、谈谈你对高考加分“瘦身”的看法、针对女大学生裸贷问题谈谈看法、怎样看待延长退休年龄的问题、谈谈你对“中国梦”的理解、如何看待演员片酬高的现象、如何看待网络直播及“网红”现象等。四是，附录二即兴评述历年考试真题全部替换为2013—2018年的考试真题，还对2019年考题做了预测。

希望这本小书能为你圆梦助一臂之力！

目 录

contents

第四章 学习生活类

第五章 社会热点类

总 序

“影视艺术类专业考前专项突破教材”是为参加影视艺术类专业高考的考生编写的考前辅导教材，希望广大考生在这套教材的帮助下顺利通过专业考试，圆自己的影视之梦。

2009 年 7 月 22 日，国务院常务会议通过了《文化产业振兴规划》，这是继纺织、轻工等规划之后的第十一大产业振兴规划。国家将重点推进的文化产业包括文化创意、影视制作、出版发行、印刷复制、广告、演艺娱乐、文化会展、数字内容和动漫等。与西方发达国家以及日韩等国相比，我国的文化产业相对落后。《文化产业振兴规划》的颁布，将会极大地加快我国文化产业发展的进程。文化产业的发展离不开高素质的人才，而高素质的人才需要培养和教育。

目前，我国很多高等院校都开设了与文化产业发展相适应的专业和学科，如广播电视编导、文化产业管理、戏剧影视文学、编辑出版、动漫设计、影视制片管理、会展策划与管理、数字媒体艺术、戏剧影视表演、播音与主持艺术、艺术管理等。其中，影视艺术类相关专业和学科发展迅猛。目前，全国共有 100 多所院校开设了影视艺术类相关专业，这其中包括影视艺术类专业院校，如中国传媒大学、北京电影学院、中央戏剧学院等。

普通高中生要进入高等院校学习影视艺术类专业，需要参加专业考试,这有别于普通文理科招生录取模式。很多有志于报考影视艺术类专业的考生和家长十分茫然,不知如何复习备考,很多有才华的学生因为方法不当而错失良机,未能跨入影视艺术类院校的大门。

为了使更多的考生进入理想的学府深造,为了使更多有才华的学生圆自己的影视之梦,我们编写了这套“影视艺术类专业考前专项突破教材”。本套教材的编著者大部分来自影视艺术类专业院校和考前培训机构,有多年影视艺术类专业招生和教学培训的经验,对影视艺术类考试的命题方向和命题规律有深入的研究。

本套教材具有较强的实用性与针对性,涵盖了影视艺术类专业高考的方方面面,以权威的专业标准、清晰明了的思路、浅显易懂的语言,结合具体实例,全面、系统、精准地阐述了考试的内容、程序、要求。

“影视艺术类专业考前专项突破教材”已出版5本,具体如下:

(1)《文艺常识速查速记手册》(第2版)。本书主要讲解中外文学、美术、音乐、电影、广播、电视的发展简史,使考生掌握几种艺术形式的发展脉络,为更好地学习本专业知识打下良好的基础。本书根据历年专业考试真题,总结出了常考知识点并进行星级划分,这样能使考生在较短的时间内掌握尽可能多的考试要点和难点,简单明了,易于记忆,可以说是文艺百科知识的精华集锦。

(2)《文艺常识全真模拟试题》(第2版)。对文艺常识知识点的掌握,考生除了记忆知识点外,还应大量练习模拟试题。通过对模拟试题的练习,做到在记忆中练习,在练习中记忆。我们根据全国100所院校考试真题编写了数十套全真模拟试题,基本上涵盖了影视艺术类专业文艺常识的常考知识点和试题类型,可以配合《文艺常识速查速记手册》(第2版)使用。

(3)《文艺常识真题分类题库》。以全国各院校历年文艺常识考试真题为基础,分为选择题、填空题、名词解释题、简答题和论述题五种题型,共3300多道真题,按照考点进行题组分类。本书题量丰富、答案精准、编排合理,可配合《文艺常识速查速记手册》(第2版)、《文艺常识全真模拟试题》(第2版)使用。

(4)《即兴评述话题宝典》(第2版)。即兴话题评述与文化艺术现象阐释，几乎是影视艺术类高考面试中的必考科目。本书系统地讲述了话题评述构思与表达的方法技巧、常见问题解答以及评述能力的训练和培养。本书收录了数百道历年专业考试即兴话题评述和文化艺术现象阐释考试真题，并附有详细的参考答案。

(5)《影评范文点评》(第2版)。影视作品分析是影视艺术类专业，特别是文化产业管理、戏剧影视文学、广播电视编导类专业的重要考试科目。本书从创作和审美的角度，针对考生普遍存在的问题进行细致的分析，提出了行之有效的应试策略。本书收录了40余篇影评范文，并附有对范文的详细点评，以帮助考生提高影评写作能力。

“影视艺术类专业考前专项突破教材”并不拘泥于某一院校的艺术专业考试，而是对影视艺术类高考专业考试的共同题型进行解读，更具普遍适用性。因此，本套教材不仅适用于影视艺术类专业考生，而且对广大影视工作者及影视艺术爱好者有一定参考价值。

最后祝愿广大考生以最佳状态应对考试，金榜题名，圆自己的影视艺术之梦！

前 言

即兴评述是影视艺术类专业高考面试中的一项重要内容，其目的是考查考生的思维能力、语言组织能力、口语表达能力及心理素质等。同时，也可以检验考生的知识储备和文化修养。在考试过程中，即兴评述考试环节的准备时间和答题时间有限，这无疑增加了考试的难度。从历年考试的情况来看，有相当一部分考生因这一项内容影响了专业考试的整体成绩。因此，即兴评述是影视艺术类专业高考面试中的一个重点，也是难点。

本书主要有以下几个特点：

第一，话题涵盖范围广泛

本书基本涵盖了面试中即兴评述环节考试题目的类型，具有代表性和典型性。

第二，话题题型分类明确

本书根据即兴评述话题涉及的内容进行分类，有助于考生准确把握命题方式和特点。

第三，参考范例思路清晰、评述准确

本书即兴评述话题的参考范例由面试命题专家和培训教师共同选定，使考生能够迅速掌握答题的思路和方法。

全面典型的话题、准确深刻的范例,这一切都将成为考生的金钥匙,帮助考生顺利打开艺术殿堂的大门。

本书仍有许多不足之处,还望读者批评指正,以便我们修订时加以完善。

海阔凭鱼跃,天高任鸟飞。预祝广大考生能够顺利实现自己的艺术梦想!

编 者

2012年12月

第一章　素质修养类

1. 请谈谈你对“不遭人妒是庸才”的看法

【参考范例】

“自古圣贤多蒙妒，不遭人妒是庸才”这句话的意思是：自古以来圣人贤士多遭到他人的妒忌，不遭到嫉妒的人都是碌碌无为的庸才。我认为，对于这句话，应该一分为二地看待。

一方面，这句话有一定道理。“木秀于林，风必摧之”，人才必有自己突出的优点和长处，遭人嫉妒是难免的。平庸无为之人，难以成为别人攻击的对象，因为，攻起来索然无味，毫无成就感。

另一方面，不是所有的优秀人才都会遭人嫉恨。只要我们在工作和生活中谦虚谨慎、宽容待人、无私奉献，就能够和周围的人和谐相处。对于不良心态的人，不妨抱着宽容的态度，理解他们。因为每一个人都不可能完美无缺，所以也就不要在意背后的是是非非。像建筑物的地基一样，越是夯打，就越坚实。充满智慧和信心的人经历了风吹雨打、千锤百炼，他们的根基会更加牢固。“任尔东西南北风，我自泰山不倒松。”想要攀到山顶的人，如果总是顾忌山脚下的人的想法，估计他一生也难以到达峰顶。

2. 谈谈你对“爱一行,干一行”的看法

【参考范例】

对“爱一行,干一行”,目前颇有争论,有的人支持“爱一行,干一行”,有的人支持“干一行,爱一行”。

一方面,“爱一行,干一行”,不仅仅包含了人们对这个行业的热爱和向往,还反映了个人的职业道德,精辟地揭示了个人的兴趣爱好是人类特有的理性精神,这样才不至于在工作中迷失。社会上存在各种职业,如果没有兴趣,我们又该如何选择。如今的社会更注重以人为本,只有充分调动人的主观能动性,才能实现人尽其才、人尽其用,实现社会资源的最佳配置。从心理学的角度来说,兴趣、爱好是最好的老师,如果不爱自己的工作,就不会百分之百地投入。企业实施人性化管理,强调和尊重人的主观能动性是社会进步和历史发展的必然要求。为医药事业尝遍天下毒草的名医李时珍,一生贫困潦倒仍不放弃音乐的贝多芬,无不是“爱一行,干一行”的典范。

另一方面,“爱一行,干一行”的理想主义固然不错,但在现实生活中未必可以实现。这就是现实与理想的差别。罗曼·罗兰有句名言:“缺乏理想的现实主义是毫无意义的,脱离现实的理想主义是没有生命的。”现实生活中有很多人为了生存,做着自己不喜欢的职业,就产生了“干一行,爱一行”的现象。

3. 如何看待明星的社会公德心

【参考范例】

在日常生活之中,只有人人遵守社会公德,形成良好的社会风气,整个社会的文明才能得到长足的进步。遵守社会公德是对他人的关怀和尊重,是现代社会文明一个极为重要的组成部分。明星作为公众人物,具有一定的知名度和社会影响力,更应具有社会公德心,从而起到良好的社会示范作用。

演员何琳曾说:“明星应该跟所有的公民都一样,首先是守法,这是作为一个公民最起码的标准;第二就是道德,懂得洁身自好。”很多明星遵纪守法,具有

社会公德心，他们勤奋、敬业、为人正直，而且十分热衷于社会公益事业。但是，有些明星不注意自己的公众形象，酒后驾车、吸毒、赌博……不仅破坏了自身形象，还给公众尤其是对心智尚未成熟的青少年造成不良影响，甚至诱导他们误入歧途。

明星作为公众人物，应严于律己，把遵守社会公德作为自己的重要责任，树立良好的社会形象，为良好社会风气的形成尽一份力。

4. 如何面对诱惑

【参考范例】

我们生活的时代是一个充满诱惑的时代，面对诱惑，我们该怎么办？

古往今来，多少人在巨大的诱惑面前无力招架，以致身败名裂。从秦时身居丞相之位的李斯、“战士军前半死生，美人帐下犹歌舞”的南唐后主李煜的事例，我们可以看出诱惑足以亡身破国灭族，可悲、可叹，令人警醒。

纵览青史，能够拒绝诱惑，不为之所动者也比比皆是。庄子这位冷眼观世者，当楚国国君欲重金聘请他去做官时，这位漆园小吏居然毫无受宠若惊之态。诗仙李白不以“钟鼓馔玉”为贵，不肯“摧眉折腰事权贵”，毅然辞官，漫游天下。

古有视权贵如草芥、视金银如粪土的贤士，我们该如何面对诱惑？一个人能否在诱惑面前做到无动于衷，关键在于其个人素质，在于其道德修养。居里夫人以其高尚的人格、崇高的科学理想，令全世界折服。种种诱惑在她面前微不足道，诺贝尔奖的奖章都成了她女儿的玩具。钱学森以其伟大的爱国热情抵制了各种诱惑，放弃了美国的优厚待遇，毅然回国，为我国的导弹事业作出了巨大贡献。

“吾善养吾浩然之气”，只要能够做到非己之物莫取，非正义之利不谋，不断提高个人素质，不断加强道德修养，树立崇高理想，坚守高尚情操，诱惑在我们面前定会偃旗息鼓，失去它的威力。

5. 怎么看待德与才的关系

【参考范例】

德是指品德,是一个人对社会、对他人有责任心的一种表现。才是指才能,是指一个人实现自我价值的能力和手段。

什么是人才？德才兼备的人就是人才。北宋时期的司马光对德才关系做了较为全面、精辟的论述,他说:“才者,德之资也;德者,才之帅也。”德是思想基础,才是服务的本领,二者缺一不可。缺少了任何一个方面,都不是我们所说的人才。有德无才之人,可能好心办不了好事。无德有才之人,对社会的危害是极大的。从以上的分析来看,德才兼备,德在才先,德较才重,德是前提。没有德,就会失去方向和灵魂。

人才的德与才是相辅相成的。一方面,一个人的才能越高,他对人民作出的贡献就越大,德行也就越好。另一方面,一个人只有具备强烈的事业心和高度的责任感,他才能扎扎实实地工作,勤奋努力地进取,才能发现问题、解决问题,真正成为德才兼备的人才。

选拔人才时,既要坚持德才兼备的原则,又要注意不能求全责备。应该精心培养、大胆使用德才兼备的人,使其成为具备更高德行和更全面才干的人才。

6. 如何理解“世界上最美丽的语言是微笑”这句话

【参考范例】

微笑,是无国界的语言,是人世间最美丽的语言。微笑可以使疲倦的人得到休息,使沮丧的人见到希望,使悲伤的人感到温暖。在微笑面前,一切语言都显得苍白,都显得多余。

我们只需嘴角轻轻地往上一扬,嘴角边、眼睛里、眉梢上便堆满了动人的盈盈笑意。微笑无声无息,却如春天的阳光般和煦,如冬天的火把般温暖。她像春风拂过心灵,像细雨滋润大地,像明月照亮夜空,像花香弥漫心房。

微笑要发自内心,才会有感染人的力量。一个人的能力有大小之分,但是只要他拥有真诚的微笑，就可以让周围的人如沐春风。

给别人一个微笑，是对别人的尊重、理解和信任。拥有了微笑，好运与幸福就会随之而来。

7. 请谈谈你对拜金主义的认识

【参考范例】

拜金主义就是盲目崇拜金钱，把金钱作为衡量一切事物的标准的思想观念和行为。

我们对不同事物有不同的衡量标准，但都应当以道德为基础，使事物朝着健康的方向发展。一旦以金钱作为唯一的衡量准则，人就会因为缺少束缚而欲望膨胀，一切向“钱”看。拜金主义者太过强调金钱的重要性，以致唯利是图。

“拜金主义”的蔓延，使“金钱至上”的观念从经济领域泛化到其他领域。在利益的驱使下，食品安全问题日益突现，出现了“毒奶”“砒霜果汁”等；教师们不再甘愿忍受做学问的清苦，开始商业化操作……从这些社会现象可以看出，“拜金主义”必然导致道德沦丧、信仰缺失。一个人即使拥有很多金钱，如果他的精神世界是空虚的，不懂得用金钱造福于他人，造福于社会，就不会拥有真正的幸福。

对于金钱，我们要有一种正确的认识。既不能像晋朝的王夷甫那样把它蔑称为“阿堵物”，连碰也不愿碰，也不能为之疯狂，用不正当的手段去获取。总之，我们对金钱的态度应是“取之有道，用之有度”。

8. 怎么看“以诚待人”

【参考范例】

英国诗人乔叟说：“真诚才是人生最高的美德。”真诚的交流可以获取信任，真诚的合作可以赢得成功。你待人以善意，别人以善意相报；你待人以真诚，别人以真情回馈。以真诚待人，就是真诚待己。

以诚待人的结果是双赢。东汉末年，刘备三顾茅庐访贤求才，邀请诸葛亮。

诸葛亮见到刘备有志为国，就决定辅助刘备。结果，刘备建立起蜀汉皇朝，诸葛亮也施展了自己的才华。

不能否认，生活中有的人虚伪狡诈，嘲弄他人的真诚，戏弄他人的善良，甚至以怨报德、以恶报善。但是，这种人在生活中毕竟是极少数。当他们的嘴脸充分暴露后，必将被众人指责和唾弃。因此，当我们的善良和真诚被心怀叵测的人愚弄之后，吃亏更多、损失更大的并不是自己，而是对方。以诚待人，不论何时，都是我们应该坚持的。

9. 谈谈你对集体荣誉感的认识

【参考范例】

集体荣誉感就是一种热爱集体、关心集体，自觉地为集体尽义务、作贡献的道德情感。当集体受到赞扬、奖励的时候，个人就会感到欣慰、光荣、自豪；当集体受到批评或惩罚的时候，个人就会感到不安、羞愧、自责，这就是集体荣誉感。

集体荣誉感的产生，是思想进步的表现。一个人有了强烈的集体荣誉感，才会有向往进步、谴责落后的道德取向，才会有不畏艰难、顽强拼搏的战斗精神，才会有争创一流、建功立业的不竭动力。有了集体荣誉感，我们就会热爱这个集体并发挥主动性和创造性，表现出主人翁的强烈责任感，产生积极向上的强烈愿望，从而使我们的集体更具凝聚力和竞争力。

树立集体荣誉感并不是口头上的宣言，而应该付诸实践。“八荣八耻”的第一条是“以热爱祖国为荣，以危害祖国为耻”。祖国就是一个大的集体，而相对于祖国而言，我们的学校、我们的班集体，便是一个小的集体。树立集体荣誉感，首先我们就应该热爱班集体，热爱班集体主要表现在为班集体做事情、为班集体争取荣誉、遵守校纪班规等。

一滴水只有融入大海才能永不干涸，对于我们个人来说也是一样的。只有把自己融入到集体中去，才能迸发出生机与活力。

10. 曾子提出“吾日三省吾身”，你觉得有必要每天反省自己吗

【参考范例】

“吾日三省吾身”是强调要每天反省自己，检讨自己的言行，看有没有要改进的地方。我认为做到每日反省很有必要。

反省使人进步。人都不是完美的，总存在着个性上的缺陷和学识上的不足，尤其是年轻人，由于缺乏社会磨炼，常会说错话、做错事。每日反省能修正我们做人做事的方法，推动我们的进步。

反省使人的品德更加高尚。古代的廉颇与蔺相如不和，当廉颇听到蔺相如对敌狠、对友宽的肺腑之言后，反省自己，最终悔悟，向蔺相如负荆请罪，二人终成好友，“将相和”的故事一直传诵至今。廉颇的反省使他的品德得到了升华。

反省让人与人的关系更加和谐。有些人害怕承认错误，从不反省自己，坚持自己才是对的，致使人际关系僵化，甚至连其挚友也会弃其而去。韩愈年轻时曾到朋友家作诗会友，在创作时因情绪激动打翻了朋友的一只碗，回到家后反省自己，最终登门谢罪，并削掉了一束头发以作誓证。朋友被他这种精神感动，更加信任韩愈，将其视为至亲至信之人。

“吾日三省吾身”，是提升个人修养的需要。我们只有在反省中不断进步，才能最终成长为国家的栋梁。

11. 谈谈谦虚是否是一种美德

【参考范例】

谦虚是一种不自满，肯接受批评，并虚心向人请教的态度。谦虚是一种美德，是一种难能可贵的品质。《尚书》上说：“满招损，谦受益。”毛泽东同志也曾经告诫我们：“谦虚使人进步，骄傲使人落后。”

事实也是如此，任何人都没有资本骄傲自大，因为不管他在某一方面的造诣有多深，也不能说彻底精通。任何一门学问都是博大精深、永无止境的，所

以,谁也不能够认为自己已经达到了最高境界而停步不前、趾高气扬。如果我们因自满而不努力,那么很快就会被别人赶上甚至超过。

古往今来,往往见识越广的人越知道自己的不足,也就越谦虚,而坐井观天者则常常为自己能看到头顶上的一小片天空而沾沾自喜。爱因斯坦是20世纪世界上最伟大的科学家之一,他的相对论等科研成果取得了举世瞩目的成就。然而,他仍然是活到老,学到老。相反,龟兔赛跑的故事里,骄傲自满的兔子就输给了努力的乌龟。

总之,谦虚是一种待人处事的态度,也是品德修养的重要体现。因此,我们要保持谦虚这个传统美德,学习名人大家的谦虚作风,戒骄戒躁,静下心来,做脚踏实地的人。

12. 谈谈你对节约资源的看法

【参考范例】

资源是人类生存与发展的命脉。当今世界,保护和合理利用资源已经成为各个国家关注的焦点。资源紧张的矛盾正日益加剧,危机已经开始显现,如何合理地配置和利用有限的资源,是人类社会实现可持续发展必须要解决的问题。

可持续发展的重要标志是资源的可持续利用和良好生态环境的维护。随着我国经济社会的持续快速发展,资源不足已经成为制约社会进步的重要因素,节约资源势在必行。

节约资源可以从我们的生活习惯做起。比如刷牙时不要一直开着水龙头,用水盆洗菜、用洗脚水冲厕所等都可以节约水资源。少用塑料袋,进行垃圾分类,用可降解餐盒,不吃野生动物,爱护花草树木,随手关灯,不浪费粮食等,都是节约资源的有效方法。

节约对个人来说是件小事,而十几亿人的节约对国家来说就是大事,它关系到我们民族的生存与可持续发展,关系到国家的命运。

13. 中学生应该为环境保护事业做些什么

【参考范例】

世界各地都在提倡环保，我国政府也提出了明确的污染治理目标。作为中学生，我们虽然不可能直接从事环保工作，但完全可以从小事做起、从我做起。我认为中学生可以从以下几方面着手，参与环保事业：

首先是学习环保知识。通过多种渠道学习环保知识，例如认真查阅、收集各类资料，进行社会调查，参加学校组织的环保讲座，观看环保方面的录像带等。另外，还要了解与环保相关的法律知识，我国在环保方面的发展动向、世界各国的环境保护情况等。

其次是宣传环保知识，提高大家的环保意识。我们可以号召同学和家长从不同的方面来关爱自己的家园，可以制作一些宣传板来对外宣传环保知识和生活中的环保常识，使大家深刻认识到环境保护的重要性和紧迫性，进一步增强其环境保护的自觉性和责任感。

最后，最重要的还是实践。看到水龙头在滴水就顺手关上，电池用完后分类处理而不是随手扔掉，购物时不使用塑料袋，不使用泡沫饭盒和一次性筷子，爱护花草树木，等等。

总之，我认为中学生应该从身边的小事做起，为周围的环境奉献自己的一份力量。我坚信只要我们人人都有保护环境的责任心，从自己做起，从小事做起，携手保护我们的家园，我们的家园就一定会更加美好。

14. 当今社会节俭还是一种美德吗

【参考范例】

节俭是中华民族的传统美德，不管什么时候都应该提倡。俗话说“成由勤俭败由奢”，强调的就是勤俭的重要性。

节俭的品德往往是受人推崇的。革命先烈方志敏身为将军，财产却只有几件破汗衫和几双破袜子。敬爱的周总理规定自己的主食要有三分之一的粗粮，一双布鞋底磨穿了三次,他还要缝起再穿,连用的毛巾也补上补丁。历史告诉我们,节俭是人们不可缺少的美德。

节俭能帮助一个人走向成功。有一位青年企业家和外商谈生意。饭后,青年企业家要求服务员将剩下的两个包子打包,外商看到这一情景,更愿意与他签合同。外商看中的正是这位青年节俭的美德。这也许是一个偶然的事例,但足以说明节俭在现代社会依然被人肯定。

当然,随着社会生产力的迅猛发展,人们的消费观念也发生了较大变化,但我们也绝不能因此抛弃节俭的美德。我们说节俭,并不是仍然推崇"新三年,旧三年,缝缝补补又三年"的做法,而是要从前人的优良传统中牢记艰苦奋斗的精神,忆苦思甜。只有这样,我们的国家才能日益兴旺发达,人民的生活才能越来越富裕。

15. 如何提高个人修养

【参考范例】

修养是文化、智慧、品德等综合表现出来的一种美德,是崇高人生的一种内在力量。讲究情操修养,是我们中华民族的良好传统,自古以来就有"修身齐家治国平天下"的说法。因此,提高个人修养很有必要。

如何提高个人修养呢?我认为应该从以下三方面做起,即尊重、谦虚和宽容。

首先是尊重别人。在与人打交道时,要尊重对方的人格、习俗、感受和需求。敬爱的周恩来总理对所有人都十分尊重,因而受到人们的一致拥戴。

其次是保持谦虚。谦虚就是不要自以为是,要时刻保持低调。取得了一些成就后还依然保持低调,才是真正的谦虚。

最后是要有宽容之心。宽容是要有海纳百川的胸怀。先进与落后、正确与错误、阳光与阴暗、合理与无理,这些矛盾是同时存在的。因此,谅解伤害过自己的人,容人之短、容人之过就显得十分重要。这会使自己的心灵更加纯净,使自己的品质得到升华。

总之,修养通常体现在细节之处。我们应该从身边做起,从细微处着手,学会识大体、拘小节，从自己的一言一行开始，努力提高个人修养。

16. 心灵美与外表美哪个更重要

【参考范例】

爱美之心，人皆有之。人人都喜欢美的东西，美景、美人、美文、美诗、美画、美歌，等等。

然而，人们对美丑的评价多集中在外表，那些出众的外貌、美丽新潮的服饰，往往令人倾倒。而发自心灵深处的美，却不容易被人发现。其实，只有心灵美的人才是真正的美。苏联作家奥斯特洛夫斯基说过："人的美并非在于外表、衣服和发式，而在于他本身，在于他的内心。"这句话抓住了美的本质。

外表美容易失去，心灵美才会永恒。外表会因为时间的变化而变化，而心灵美是岁月带不走的美，天然去雕饰，赏心又悦目。外在美迷惑的往往是人的眼睛，而内在美却可以深深打动人的内心。心灵美是一种素质，可以从一个人对人生、社会、他人以及自己的感情和态度中得到体现，从一个人的一言一行中得到体现。

总的来说，外表美与心灵美都是人们所向往的，而心灵美的人总是传播爱与善良，是我们更应该推崇的。

17. 能力与责任心哪个更重要

【参考范例】

一项工作能不能高标准地做好，一项任务能不能出色地完成，取决于多个方面。而就人的因素而言，主要是两个方面：责任心和能力。我认为在这两个方面中，责任心比能力更重要。

从本质上说，责任是一种与生俱来的使命，是一种义不容辞的担当，是一种责无旁贷的义务。责任心是完成出色工作的原动力，是干好工作的前提。有了责任心，才能全身心地投入，才能关注细节，才能千方设百计地克服困难,创造性地开展工作。而如果责任心缺失,就会得过且过,当一天和尚撞一天钟。

当然,强调责任心的重要性并不是说能力不重要。只有责任心远远不够,与之相匹配的能力也是必不可少的,否则,就有可能空有一腔热情,眼高手低。但我们经常看到的一个现象是,许多工作之所以没有做好,不是人们能力不够,而是缺乏责任心。比如三鹿奶粉事件中,掺杂了三聚氰胺的毒奶粉为什么能通过生产、销售等层层检验程序堂而皇之地走向市场,并不是技术检验不出来,而是相关人员缺少了一颗"为民服务"的责任心。

所以,小到一项具体工作的出色完成,大到党和国家大政方针的贯彻落实,都需要高度的责任心。尤其是在当前,我们面临着前所未有的发展机遇,也需要应对十分严峻的挑战,这就更需要各行各业的人们负起责任,以出色的成绩响应时代的召唤。

18. 当今社会是否还需要学习"雷锋精神"

【参考范例】

雷锋这个名字,曾经是一个时代的精神标杆,他所代表的助人为乐、大公无私的精神,教育和激励了几代中国人。然而时过境迁,今天人们已经不再热衷于"雷锋精神""学习雷锋",甚至有报道说,大部分小学生已经不认识雷锋,只知道周杰伦、刘德华等明星了。

不可否认,雷锋精神是时代的产物,但这并不意味着当今这个时代不再需要雷锋精神了。雷锋身上体现出的助人为乐、大公无私的精神,恰恰是当前这个时代所需要的。雷锋精神的存在,不仅能起到弘扬中华民族传统美德、矫正不良社会风气的作用,也有助于实现构建社会主义和谐社会的伟大目标。因此,雷锋精神仍然是时代的需要、中华民族的需要。

当然,今天的社会已经发生了巨大变化,"学雷锋"也要紧随时代潮流、创新学习形式,把雷锋精神与我们的日常工作和生活结合起来,使它成为人们自觉的道德追求。结人梯救助落水儿童的大学生、机智阻拦飞车抢匪的"抢车男"以及每年评选的"感动中国人物"等,这些人没有什么豪言壮语,在生活中也普普通通，但在他人有难之时，他们敢于站出来，以自己的行动实实在在地诠释什么是“雷锋精神”。

今天，社会上有许多需要帮助的人，许多需要用爱心去完成的事。如果每一个人都能够像雷锋那样，从一件件小事做起，去帮助他人，为他人着想，那么，我们的生活将更美好，社会将更和谐。

19. 如何理解“人不可有傲气，但不可无傲骨”

【参考范例】

“人不可有傲气，但不可无傲骨。”艺术大师徐悲鸿的这句话道出了一个深刻的人生哲理。有傲气的人，会使人或敬而远之，或躲而避之；而有傲骨的人，只会使人感到亲近，感到一种力量和尊严。

的确，人不可有傲气。有了傲气的人，往往会自命不凡，认为自己能干，比别人高出一筹，从而目中无人。有了傲气的人，当成功的时候，面对赞扬、奉承之词，他就会飘飘然，听不进批评和忠告，辨不清真假与是非。对于这种人来说，成功无异于“毒药”。正如庞涓因骄傲而被孙膑的军队乱箭射死，李自成因骄傲而最终失败，拿破仑因骄傲而兵败滑铁卢……

但是做到了没有“傲气”，还应当有“傲骨”。什么是傲骨呢？就是有志气，有自信心，有顽强不屈的性格。东晋陶渊明“不为五斗米折腰”；唐朝的李白高歌“安能摧眉折腰事权贵，使我不得开心颜”；鲁迅“横眉冷对千夫指”，频频向一切恶势力挥去他的“利剑”。他们那不畏权势、坚持真理的傲骨值得赞赏。

总之，傲骨与傲气是两种不同的品行，一个人不可以有傲气，但应该将傲骨当作人生境界来追求。

20. 是不是有钱什么事情都好办

【参考范例】

有人说：在这个时代，金钱是万能的。有些人认为，金钱可以买来健康长寿，足够的金钱可以让你得到世界上最好的医疗保障，让富人比穷人更长寿。

有些人认为,金钱可以买来爱情,甚至可以买来快乐。

然而,我认为钱并不是一切,还有很多事情只靠钱是办不到的。例如,钱买不到时间。很多有钱人,整天拼命忙着赚钱,赚到小钱还想赚大钱。他们没时间照顾父母,没时间管教孩子,等到父母过世,孩子因缺乏教育误入歧途之后,才体会到"子欲养而亲不待""养不教,父之过"的痛苦,才有追悔莫及之感。

钱也买不到平安。地震、雪灾、飓风等自然灾害不会因为钱绕道而行。钱的能力、人的能力毕竟是有限的,我们只能在有限的范围内做力所能及的事情,超过了这个范围,有再多的钱也办不到。

所以,即便是在当今社会,也并不是有了钱什么事情都好办。我们对待金钱要摆正自己的态度,不要在金钱中迷失自我。

21. 谈谈对于"孝道"的理解

【参考范例】

孝道是中华民族宝贵的精神财富。传统孝文化的核心在于,对老人要尊敬,对父母要孝顺。对于社会而言,孝顺是责任;对于家庭而言,孝顺是传承;对于个人来讲,孝顺则是一种与生俱来的本能。

当今社会,人们的价值观多元化,很多人有了享乐主义、拜金主义的思想,他们重利轻义,将孝道弃之不顾。很多家庭对孩子一味溺爱,没有原则地满足孩子的无理要求,对孩子缺乏基本道德素质的教育,从而导致很多孩子忽视了对长辈的关爱,对父母的体谅。

因此,学校、家庭和社会应该加强对"孝"文化的宣传教育,提高当代人对"孝"文化的认识,从而引起他们的情感共鸣。尤其是学校作为道德教育的主要阵地,应当挑起传承中国传统孝文化的重担,并将之落实到实践中。

22. 如何看待"好人缘"?

【参考范例】

在当今的社会生活中,保持良好的人际关系,赢得好人缘是我们生存乃至成功的关键。好人缘可以带来一张广大而伸缩自如的关系网，如果能运用好这张网，我们的人生将会更加丰富多彩。

那么如何拥有“好人缘”呢？这需要我们的辛勤努力。第一，我们要与人为善，尊重他人，因为尊重他人就是尊重自己；第二，在日常工作生活中，我们要真诚待人，平等交往，不管是对下属、领导还是商业伙伴，都要平等相待并且互相信任；第三，我们要时刻秉持一颗宽容的心去帮助别人，雪中送炭比锦上添花更重要，如果我们能以德报怨去帮助曾经的“敌人”，则更能显示出我们品格的高尚。但是，拥有“好人缘”并不等于我们就要做老好人。在建立好的人际关系的过程中，我们一定要坚持原则，保持本色。绝不为了拉拢关系做违反道德甚至法律的事情，我们要严于律己，不阿谀奉承任何人。在人与人的交往中做到不卑不亢，以诚待人。

23. 如何理解“君子之交淡如水”？

【参考范例】

“君子之交淡如水”出自《庄子》，也作“君子之交淡若水”。“君子”在古代是指道德高尚的人，品行好的人；“交”的意思是交情。这句话的意思是说，君子之间建立在道义基础上的交情高雅纯净，清淡如水。君子之间因心怀坦荡，所以无须存有戒备之心，更不用讲究太多礼节及客套，也不用太过谦卑。君子之间的交往可以轻松自然，心境如水一样清澈透明。

在当代社会，“君子之交淡如水”这句话主要表达的是，真正的朋友平时交往可能并不频繁，联系可能也不多，但是双方确实是交心交底的，如果一方真的需要帮助，另一方一定会两肋插刀，毫不犹豫。就像鲁迅和瞿秋白之间的友谊一样。他们以前从未谋面，只凭书信往来，却能相互信任。当一方有危难来临之时，另一方就会伸出援手，两人肝胆相照。

《庄子》语，“君子之交淡若水，小人之交甘若醴；君子淡以亲，小人甘以绝。”君子之交是心与心的交流，是一种与天地共存的默契；而小人之间的交往，却多因利益驱使，没有利益，交情稍纵即逝。我们在人际交往上，应该亲近君子，远离小人。

24. 谈谈你对于“信用”的理解

【参考范例】

从哲学意义上讲，诚实守信用既是一种世界观，又是一种价值观和道德观，无论对于国家、企业还是个人，都具有重要的意义。

对于一个国家而言，讲信用是立国之本。中国自古就有“得民心者得天下，失民心者失天下”的明训，国家领导人和决策层诚实守信才能取信于民、凝聚人心。

对于一个企业而言，讲信用是立业之本，是建立互信互利的合作关系的根本准则。一个不讲诚信、不守信用的企业，在现代法治社会是无法长期立足的。每年央视“3·15”晚会都会曝光一些不守信用的企业，这些企业也会为自己的行为付出沉重的代价。

对于每个社会成员而言，“诚信”则是立身之本，处世之宝。人生数十年，必须不断学习，以获得知识安身立命。但是，要做个对社会有所贡献的人，光有“知识”是不够的，还必须要有正确的世界观、人生观和价值观，否则，知识也可能成为滋生罪恶的工具，而诚实讲信用就是指引人们处世的重要道德准则。

诚实守信是促进社会主义市场经济健康发展的道德基石，它不仅对促进社会稳定繁荣具有重要作用，而且对加强社会成员的个人道德涵养，提升全民族的文明素质，培养有知识、有作为、讲道德、守法纪的一代公民也具有重要作用。

第二章 励志感悟类

1. 怎样理解“愚公移山”精神在当今社会的启示意义

【参考范例】

“愚公移山”的典故出自《列子·汤问》。讲的是九十多岁高龄的愚公面山而居，决定开山修路，子孙相继，不畏艰难。愚公移山的精神，一直被人们所推崇。

有些人认为，愚公移山精神只强调一味地蛮干苦干，不动脑子，是不可取的。这种想法有失偏颇。愚公移山的精神有其产生的特定历史背景，那时是大自然统治人类的蒙昧时期，这种艰苦奋斗、坚持不懈的拼搏精神已是一种先进观念。

当今时代，我们依然推崇“愚公移山”精神。要对既定的理想和目标坚定不移，不管遇到什么样的困难和艰险，都应毫不动摇，坚持不放弃、不抛弃的原则，还要戒骄戒躁，不因已取得的成就而止步不前。

当今社会瞬息万变，各种竞争日趋激烈，要想获得成功，就需要有愚公移山的精神。我们在学习和工作中要继续发扬愚公那种坚韧不拔的精神，同时还要不断发挥我们的聪明才智，掌握各种先进的科学技术成果，从而使“愚公移山”这盏精神之灯永不熄灭，彰显其不可估量的价值。

2. 谈谈你对鲁迅先生上学时在书桌上刻“早”字的感受

【参考范例】

鲁迅先生以各种形式提醒自己珍惜时间。他在幼年时，因上学迟到，便在自己的桌面上刻了个“早”字，以提醒自己要珍惜时间。鲁迅先生的一生都在与时间赛跑。他说:“时间，就像海绵里的水，只要你愿意挤，总是会有的。”鲁迅先生认为，时间对任何人都是公平的。他善于挤时间、支配时间。他一生多病，工作条件和生活条件都不好，但他每天都要工作到深夜。鲁迅曾说:“美国人说，时间就是金钱，但我想，时间就是性命，无端空耗别人的时间，无异于谋财害命。”日月匆匆，年华如流水，生命的闪光点都是在这分分秒秒中凝聚而成的。鲁迅先生一生能写出如此多的优秀作品，与他善于“挤”时间是分不开的。

“明日复明日，明日何其多。我生待明日，万事成蹉跎。”现在我们生活条件优越，更应珍惜时间，以后才不会因为虚度光阴而后悔。

3. 砸在牛顿脑袋上的苹果是偶然的吗

【参考范例】

我们都知道牛顿因为被树上落下的苹果砸到而发现地球引力的故事，但这两者的联系是偶然的吗? 辩证唯物主义认为，偶然中包含必然，必然中也有偶然。在一定条件下，偶然和必然可以相互转化。成功是留给有准备之人的。有准备的人蓄势待发，抓住一个偶然的机会，取得成功就成为一种必然。苹果砸中牛顿的脑袋是一个偶然，但他没有起身就走，而抓住了这个现象，揭示出自然界一个伟大的真理。牛顿的成功是一种必然。

生活中，有人摔了一跤后就起不来了，这就是错把失败当成人生的必然，拜倒在“偶然”的脚下。有人却能抓住一个偶然的机会，最终改变自我。人生中不是缺少机会，而是缺少发现机会的慧眼。虽然通往成功的道路各异，但大多都是抓住偶然，成就必然。

如果没有这个苹果，如果苹果没有砸中牛顿，如果牛顿没有锲而不舍的精神，最终的可能性就是万有引力定律的发现要推迟上百年。这种损失将是无可弥补的。机会是留给善于发现它并且永不放弃的人的，在人生道路上，我们要抓住机会，创造每一个可能的成功。

4. 你怎么理解身残志坚的现象

【参考范例】

球王贝利曾经说过：“有了坚定的意志，就等于给双脚添了一对翅膀。”肉体上的残疾，并不是真的残疾，精神上的缺陷才是真的残疾。肉体残疾、精神富足之人会比一个正常人更强大，这就是身残志坚。因而，身残者不能自怜自艾，等待别人的关注与怜悯，而要给自己设立目标，朝着目标不断向前，超越伤残者对命运的哀怜和自叹。像霍金一样，尽管他坐在轮椅上，他的思想却在广袤的时空中遨游，解开了宇宙之谜，为自己赢得了自尊、自信和自立。

美国著名心理学家马丁·加德纳认为：“在这个世界上，人所处的绝境，在很多情况下，都不是生存的绝境，而是一种精神的绝境；只要你不在精神上垮下来，外界的一切都不能把你击倒。”坚定不移的目标，就是身残者前进的强大的精神动力。上帝在关上一扇门的同时，会为你打开一扇窗，所以永远不要放弃。身体健全之人总把现有的一切想得理所当然，不珍惜手中所有，却强调自己所无；但身残之人，却是用手中所无，去追逐他人所有。贝多芬在发现自己听力日益下降时，凭着对艺术和生活的热爱战胜了苦痛和绝望——苦难变成了他创作力量的源泉。

意志坚定是身处逆境之人的心灵灯塔。生活在无声世界里的不幸遭遇并没有打垮海伦·凯勒；“千手观音”不知震撼了多少人的心，邰丽华的坚强身影在我们心中挥之不去；还有霍金、张海迪等这些意志坚强的人，用轮椅向世人证明如何让自己“站”起来，向人们展示强者的风采。

5. 谈谈你对“沧海一粟”的理解

【参考范例】

苏轼《前赤壁赋》曰:“寄蜉蝣于天地,渺沧海之一粟。”这是说人生像朝生暮死的蜉蝣一样寄存在永恒的天地之间,像苍茫大海上的一颗谷物一样渺小。人的一生虽如蜉蝣一般匆匆而去,但是,在短短的人生中,我们也要让生命在这一瞬发出耀眼的光芒,实现它的价值。

翻开上下五千年的历史,大禹治水三过家门而不入,扁鹊周游列国解除人间疾苦,屈原为寻求救国真理而上下求索。在当代,雷锋,一名普通的解放军战士,其执着地为人民服务的精神,却永垂不朽;李素丽,一名普通的售票员,却成为“光辉”的代名词。他们都是平凡的人在做平凡的事,但是因为他们对生命意义的执着追求,使他们的人生变得不平凡。他们的个人价值是无形的,却可以潜移默化地为周围的人、为社会创造宝贵的社会价值,他们在沧海中熠熠生辉。

若不积极生存,就会碌碌无为,那么生命将没有任何价值,人生百年之后,也会如尘土一样消散。让我们以这些普通的人物为榜样,以沧海中那些闪闪的星星为榜样,孜孜不倦地去追求人生的价值,努力实现人生的价值,不在一时的享乐、贪婪的索取中度过此生。人的一生虽然短暂,但可以创造价值,做到死而无憾。

6. 你会怎样对待人生中的顺境和逆境

【参考范例】

我认为,顺境与逆境,对于人的成长来说,都是外部条件。而外部条件的好坏,并不是决定人能否成长的关键因素。只有通过自身的努力学习与勤奋钻研,才能有效地、充分地利用外部条件使自己成材。

相对而言,顺境中的学习条件比逆境中的学习条件要优越许多,但是,很多人在逆境中一样可以成功。司马迁《报任安书》曰:“盖文王拘而演《周易》;仲尼厄而作《春秋》;屈原放逐,乃赋《离骚》;左丘失明,厥有《国语》;孙子膑脚,《兵法》修列；不韦迁蜀，世传《吕览》；韩非囚秦，《说难》《孤愤》；《诗》三百篇，此皆圣贤发愤之所为作也。”其中所举之周文王、孔子、屈原、孙膑、吕不韦、韩非子等人，都是在逆境中发愤著书。

有句话说得好，“不经历风雨，怎能见彩虹”，逆境甚至不幸，都不意味着生活充满灰色与失败，只要我们有上进心，以坚强的毅力去挑战、去拼搏，一样能够创造奇迹！

逆境和顺境是同一事物的两个方面，只要善于利用顺境，勇于正视逆境和战胜逆境，远大的人生目标就一定能够实现。

7. 你怎么看待人生真谛

【参考范例】

我认为人生的真谛就是知道自己要追求什么，并知道自己的追求是否切合实际。

画家追求的是如何借助自己的画笔，在绘画作品中巧妙地融入自己对人生的感悟；数学家追求的是如何研究种种曲折的轨迹，以探求真理；文学家追求的是如何用文字，传承对生活、对事物的感悟……不同的人对人生的真谛有不同的理解，因此对人生也会有不同的追求。我们每个人的生命只有一次，不能把时间浪费在吃喝玩乐上，而应追寻心灵的声音，创造出人生的价值。

但是，我们并不是一生下来就知道要追求什么样的人生，要在不断的成长中慢慢地体验。只要我们保持追寻的状态，我们的一生就会丰富多彩！

8. 谈谈你对“笑对人生”的理解

【参考范例】

“应该笑着去面对人生，不管一切如何。”这是捷克作家伏契克的一句名言，它提醒人们要笑对人生，快乐地生活。笑对人生就是以乐观的心态对待生活。

笑对人生，我们就能看遍天上胜景，览尽人间春色。古往今来，历史上有伟大成就的人大都有着乐观的生活态度。弥尔顿一生经历了无数磨难，双目失明,朋友弃他而去,生活曾一度陷入极端困境,但他总是以乐观的精神和坚强的意志,渡过一个又一个难关。范仲淹在岳阳楼观景时,发出"不以物喜,不以己悲"的喟叹,表达了一种超然的心境。

常言道:人生不如意十之八九。人生中的挫折、逆境是无法避免的,而我们唯一能做的,便是改变自己的心态。只要拥有乐观的态度,笑对人生,总能找到快乐的理由。即使辽阔晴空有乌云遮蔽的时候,我们仍可以透过云层的缝隙看到顽强穿透云层的一缕阳光。一味地沉溺于不如意的忧愁中,只能使不如意变得更不如意。快乐的心境,会使人重拾自信,上进心重生,更有精力投入到新的学习和生活中,重新找回生命的意义。

"宠辱不惊,闲看庭前花开花落;去留无意,漫随天外云卷云舒。"在有诸多无奈的人生里,仰望夜空看到的是星斗的闪烁,俯视大地看到的是绿了又黄、黄了又绿的美景。这种乐观是坚韧不拔的毅力支撑起来的一种风景。微笑着,生命才能征服纷至沓来的厄运;微笑着,生命才能将不利于自己的局面一点点扭转。

9. 有人认为"天道酬勤"有很多反例,你是怎样理解的

【参考范例】

天道酬勤,是指多一分耕耘,多一分收获,也就是多劳多得。上天会酬报勤奋的人,下了苦功夫必然会有成就。有人认为"天道酬勤"有很多反例,诚然,这样的理解也有一定的道理。因为不论做什么事都要讲究方式方法,如果只知道埋头苦干而不加以认真思考,可能会一事无成。但是,如果我们因此就认为可以不劳而获,那将是大错特错。

成功的人士无不是经历了一番苦难与艰辛的打拼,才有所成就的。如果你没有做好充分的准备,就永远没有机遇和灵感的垂怜;如果你没有用心痴迷的钻研,就永远没有技艺和能力的垂青;如果你没有果敢艰辛的付出,就永远没有鲜花和硕果的馈赠。"天道酬勤,厚德载物。"成功一定是苦干加巧干的结晶。任何盲动都是徒劳无益的,也没有收获可言。只有你用心思考并埋头苦干,才能取得辉煌的胜利。在前进的道路上,鲜花往往都为辛勤的耕耘

者绽放馨香。

天道酬勤，是日积月累的回报。人生，不在于你曾经怎样飞黄腾达，而在于你是否勤学苦练地付出。只有在春天里辛勤耕耘，才有可能在秋天收获丰硕。

10. 你怎么认识“细节决定成败”

【参考范例】

在一个人的生活中，细节很小，容易被人们忽视，但它的作用是不可估量的。《荀子·劝学》篇中说：“不积跬步，无以至千里；不积小流，无以成江海。”这句话告诉我们，任何看似很大的事物，都是由很小的事物累积而成的，小事不愿做，大事就会成空想。

小事成就大事，细节成就完美。古人曾经说过：“一屋不扫，何以扫天下！”是的，小小的房间都不会整理，谈何去“整理”天下啊！智者善于以小见大，从平淡无奇的琐事中参悟深邃的哲理。有所成就的人，往往比普通人更注重一些细节问题。当你不厌其烦地拾起细碎的石块，日积月累构筑起来的就是高耸的城堡。只有站在城堡俯瞰脚下的壮美景色时，你才会体味到这些石块的重要。

小事不能小看，细节方显魅力。以认真的态度做好工作岗位上的每一件小事，才能在平凡的岗位上创造出最大价值。如同火箭一样，即便是小小的一颗螺丝钉出现问题，都会造成无法估量的损失。

细节是成功的基石。文艺复兴三杰之一的意大利雕塑家米开朗琪罗说：“在艺术的境界里，细节就是上帝。”我国秦朝李斯在《谏逐客书》中也说过：“泰山不让土壤，故能成其大；河海不择细流，故能就其深。”因此，细节决定成败。

11. 怎样理解“阳光总在风雨后”

【参考范例】

“阳光总在风雨后”，是一种洒脱看人生的境界。人的一生不可能总是一帆风顺，然而无论如何，我们不能认输，不能向命运低头，不能放弃自己的梦想与追求。我们要知难而上,勇敢地去面对生活中的困难与挫折。只要努力,总会渡过难关,迎来美好的一刻。

“阳光总在风雨后”是一种拿得起放得下的豁达,是一种对人生的透彻感悟和不懈追求。在不如意的时候调整自己,等待迎接灿烂的阳光。

著名残疾人运动员姚娟,4岁时的一场车祸使她终身残疾,但她没有绝望,而是刻苦练习,多次获得标枪和铁饼的冠军,为我们谱写了一曲永不放弃的生命之歌。暴雨之后的彩虹才最绚丽,狂风过后的阳光才最温暖,泪水流过之后的笑容才最灿烂。

成功就是那一束无比灿烂的阳光,风雨是每个人成功之前都必须经历的挫折与困难。

12. 怎样看待“强者”和“弱者”

【参考范例】

对于“强者”与“弱者”,我的理解是不断超越自己的就是“强者”,反之就是“弱者”。

在我们的生活中,明白自己不足的人不多,清楚了解自己的人更少。所以我说能够了解自己的人便是强者,如果他还能在了解自己的基础之上进行自我超越,那么他就是强者中的强者。

强者能够不断地超越自己,最终实现人生价值。在你不断超越自己的同时,又何尝不是在超越别人呢?在自己的专业领域里,一直不断地去探索,就是一种超越。例如我国著名数学家陈景润,在数学领域,不断攻克难题,最终完成了“哥德巴赫猜想”。强者是需要历练的,在面对困难的时候,不逃避,敢于对抗,便能成为强者;而经常对自己说“不能”的人,自始至终都只是别人眼中的弱者、自己人生中的弱者。

总之,强者与弱者是一个相对的概念,我们每个人都有自己的潜质,相信自己,不断努力,就能成为强者。

13. 怎样看待“人生是一种态度”

【参考范例】

人生是一种态度,关键是你如何看待它。我想我们每个人都曾经有过这样的体验:当你心情舒畅时,鸟儿的叫声都是悦耳的;而当你烦躁时,百灵鸟的歌唱也会让人心烦。有一个故事我记忆犹新:画家列宾和他的朋友在雪后去散步,他的朋友瞥见路边有一片污渍,显然是狗留下来的尿迹,就用靴尖挑起雪和泥土把它覆盖了,没想到列宾却生气了,他说,几天来他总是到这儿来欣赏这一片美丽的琥珀色。在我们生活中,当我们总是埋怨别人给我们带来不快,或抱怨生活不如意时,想想那片尿迹。其实,它是“污渍”还是“一片美丽的琥珀色”,都取决于自己对待生活的态度。

我们必须相信目前我们所拥有的,不论顺境、逆境,都是我们人生所必须经历的,也是对我们最好的安排。既然是最好的,为什么我们不能去珍惜它呢?也许,我们会认为工作枯燥烦琐,不堪忍受,那不妨看看我们周围的其他人,也许连这个无法忍受的工作都没有。当我们充满热情地去工作,就能发现,它其实是件令人快乐的事情。而当我们把自己的注意力和思想投入其中时,热情将会被带回到工作中去,我们的领悟能力和创造能力将被激发,工作将会带给你自豪和满足。

人生也是如此,如果我们笑眼看待人生,不管是幸运还是磨难,都将是我们不可或缺的财富。有了积极的人生态度,人生也会在我们的画笔之下丰富多彩。

14. 怎样理解“爱”

【参考范例】

爱是无私的。爱更多的是给予,而不是索取。泰戈尔说过:“采摘花瓣的人得不到花的美丽。”花不是不美丽,而是摘花者不懂爱的真谛。比花儿美丽的是爱,花儿的美丽是大自然的给予,而爱是人用心灵浇灌而成的。

爱是高尚与博大的。从男女之间的纯真爱情,到人与人之间的相互关爱;从对家人的疼爱,到对他人的爱护;从对生活的热爱,到对国家人民的热爱,都是高尚的。一个人不但要爱自己、爱生活,更重要的是爱他人、爱人民、爱国家。一个只爱自己、只顾自己的人,与其说是一种自私自利的狭隘主义,倒不如说没有真爱。只有具备了爱别人的心灵,才会得到爱给予的快乐。

爱是平等与相互的,所谓"种瓜得瓜,种豆得豆"。你想要别人是你的朋友,首先你得是别人的朋友。心要靠心来感应,感情只有用感情来交换。

爱无大小之分。只要是对他人、对人民、对国家的付出,无论多少都是同等伟大的。世界因为有爱而变得美丽,生活因为有爱而变得精彩。爱本身就是一种快乐,只有懂爱的人才能真正享受生活。

15. 理想与成功究竟有多大距离

【参考范例】

理想与成功之间的距离是什么?答案很简单:努力和坚持。大凡有所成就的人,都有一个远大的理想或目标。在实现目标的过程中,肯定会遇到种种困难与挫折,付出无数艰辛的努力。他们之所以能够成功,就是因为他们有一种意志叫坚持,有一种方法叫努力。

在现实生活中,理想和现实之间、理想和成功之间的距离,往往需要努力和坚持去拉近。理想的实现者和未能实现理想的失败者之间的差别,往往不是在起点上,而是在过程中。同样的目标、同样的起点,对不同的人来说却有不同的结果。如果只有百分之一的机会,你会采取什么态度?积极乐观的人,会以百分之一百的努力去争取;而悲观消极的人,则会选择半途而废。有时候,也许离成功只有一步之遥,但懦弱者却主动提前结束奋斗,理想与成功便因此遥不可及。

梁启超说过:"凡古来能成大事者,必具自胜之力甚强者也。"所以要敢于超越自我,树立远大的理想。自强不息是成功者的秘诀。

16. 天才与成功

【参考范例】

著名科学家爱因斯坦有一个关于成功的公式：成功＝X＋Y＋Z，其中X代表艰苦的努力，Y代表正确的方法，Z代表少说空话。由此我们能够看出，成功和天才之间没有必然联系。

爱迪生曾说："哪里有什么天才？如果是天才的话，那就是一分的灵感加九十九分的汗水。"鲁迅先生也曾说过："我哪里是天才，我是把别人喝咖啡的工夫都用在工作上了。"他们都把自己的成功归于坚持不懈的努力和勤奋的工作。我想这至少说明了他们对待天资与勤奋的一种态度。"天才"这个因素在事业的成功中确实起到了重要作用，但勤奋与努力才是通往成功的主要决定因素。

中国历史上有名的神童方仲永，五岁便能指物作诗，确实是天才。但由于他放弃了努力，再加上家长的误导，落到最后"泯然众人"的地步，着实可悲。改革开放后，我国各个领域都涌现出了一批杰出人物，人们只知道他们是天才，又有多少人知道他们在成功道路上的坎坷与艰辛呢？

天才与成功之间不能画等号，而且"天才"既不是成功的充分条件，也不是必要条件。我们应该正确认识"天才"的含义，不能认为天才就可以不经过刻苦的努力便能成功。应始终牢记：成功不一定属于天才，但成功一定属于勤奋刻苦的人。

17. 年轻人怎样才能"甘坐冷板凳"以求厚积薄发

【参考范例】

当今社会由于利益驱动，人们更倾向于计较眼前的个人得失，因此对一些需要经过长久累积才能获得成功的工作或事情往往投入不够。以做学问为例，从事科学研究工作的人都渴望早出成果、快出成果。但科学研究工作需要长期艰苦的付出，很难在短期内看到成果，只有那些能长期坐稳冷板凳、淡泊名利、甘于寂寞、始终坚持科研的人，才可能到达成功的彼岸。不可否认，当今社会利益诱惑很多，不少科技工作者坐不住冷板凳、耐不住寂寞，心态浮躁，成为忙碌的“社会活动家”。要坚持自己的理想与价值观已经非常不易，那么如何才能“甘坐冷板凳”呢？

最重要的是对所做之事有兴趣、能坚持。仅有天赋，没有兴趣，对知识没有渴求和好奇，很难静下心来钻研。兴趣恰恰是“坐下来”并且“坐住”的关键。另外，保持一颗平常心，不去计较自己暂时的得与失，不求扬名立功，但求问心无愧，朝着自己的目标坚定地走下去，才能到达理想的彼岸。“在冷板凳上也要守候阳光”，只有这样，才能在激烈的竞争中成为最后的胜利者。

18. 谈谈“坚强”

【参考范例】

“咬定青山不放松，立根原在破岩中。千磨万击还坚劲，任尔东西南北风。”坚强是我们每个人都需要的品质。

古人身处逆境却成就一番事业，原因就在于他们身上有坚强的品质。“文王拘而演《周易》；仲尼厄而作《春秋》；屈原放逐，乃赋《离骚》；左丘失明，厥有《国语》……”，试想如果在恶劣的环境下这些古人一蹶不振，还会有如此多的传世之作吗？

坚强是我们身处逆境时的心灵灯塔，指引我们不再迷航；坚强是我们奋斗的力量，不论是天灾还是人祸，都不能将我们击垮；坚强是我们应该追求的品质，温室的花朵经不起打击，只有经历风雨才能茁壮成长。

坚强就是让我们带着不败的信念，挥鞭上路，创造辉煌的明天！

19. 怎样从人生角度理解“量变”和“质变”

【参考范例】

有一个人买烧饼，吃了六个没饱，当吃到第七个时饱了，他觉得前面六个烧饼的钱都白花了，早知道如此，只买第七个烧饼不就成了吗？这里面的哲学思想就是从量变到质变的过程。量变达到一个度之后，才能引起质变；质变是量变的必然趋势和结果。

人生中，量变是质变的前提，是通往人生目标的必经之路。“为山九仞，功亏一篑。”如果在质变之前停止量变，哪怕只剩下最后一筐土，那也达不到“九仞山”这一质变。这就如同我们做事情，在量变积累到一定程度、临近成功之时，以为成功的质变已经发生了，从而停下来，没有足够的量变，成功便与我们失之交臂。人生一世，必须追寻人生价值的最终实现。如果我们不经过积累，只空想着有意义的结果和人生，就是撇开量变空谈质变了。

这就是我从人生角度对“量变”和“质变”理解：努力到最后，坚持到最后，量变积累到一定程度，才能实现质变，才能实现人生价值。

20. “失败是没有借口的”，对这句话，你怎么看

【参考范例】

很多人做事情失败后总会给自己找各种各样的理由，然后认为自己的失败是一种必然的结果。但是，我们要知道，失败是没有借口的。

“没有任何借口”是美国西点军校奉行的最重要的行为准则，它强调的是每一位学员想尽办法去完成任何一项任务，而不是为没有完成任务去寻找借口。其目的就是为了让学员学会承受压力，培养他们不达目的不罢休的精神。

就如同学习，为什么同样坐在教室里，有人学到了很多知识，有人却一无所获？一无所获的人总是会抱怨老师教得不够好，抱怨自己脑子不够聪明。可是他们是否想过，当自己出去玩乐的时候别人在做什么？当自己早早休息的时候别人又在做什么？失败，只有原因，没有借口。

晚清时期，政治动荡、民不聊生，一些知识分子便由此沉沦。是晚清时孙中山领导了辛亥革命，推翻了腐朽的清王朝；曾生活在晚清的鲁迅，一部《阿Q正传》如惊雷般的嘲笑声，让多少中国人猛然惊醒……

如果说失败是成功之母，失败了可以从中吸取教训，那么为失败推卸责任寻找借口并不是明智之举，扫除所谓的借口、认清真正的原因，失败才有可能让位给成功。

21. 怎样理解“奋斗总会意味着有痛苦的过程”

【参考范例】

“人有旦夕祸福,月有阴晴圆缺。”只有阳光而无阴影,只有欢乐而无痛苦,那就不是人生。人生的奋斗,像是马拉松赛跑,需要不断努力。在努力奋斗的过程中,必然要经过痛苦的磨炼,收获成功时才会有无限的欢喜。

为科学和真理奋斗是痛苦的,但在奋斗中也有无穷的快乐,因为它让人们在痛苦的磨炼中充分地体现了自身的最大价值。李时珍辛苦尝百草,才有《本草纲目》这部医学巨著的问世;诺贝尔不惜亲身试险,发明了让世界发生巨变的炸药。探索我们未知的领域,理解奋斗搏击的生命真谛,我们每一天都会在看似痛苦的奋斗中收获快乐。

奋斗与痛苦相依相辅。有奋斗就有痛苦,如同有欢笑就有泪水,有相聚就有别离。在这个纷繁的社会里,谁不是在经历了痛苦之后,才找到自身的价值,才洞悉生命的奥秘和本质呢?

22. 励志总是年轻人的事情吗

【参考范例】

现在,“励志”几乎成了年轻人的专有名词,但是励志并不只是年轻人的事情。在人生的不同时期,都需要激励自己不断前进。

古代先贤们,在这方面的例子并不少。唐代诗人刘禹锡的“莫道桑榆晚,为霞尚满天”与清代诗人袁枚的“桑榆晚景休嫌少,日落红霞尚满天”,都是描绘夕阳西下而满天晚霞尚照在桑榆树梢之上的夕照图,抒写垂暮之年的豪迈达观之情。南宋诗人陆游在老年时曾写下大量老年励志诗,如“镜里流年两鬓残,寸心自许尚如丹”“丹心自笑依然在,白发将如老去何?”,直抒其老当益壮的爱国豪情,令人读之顿生豪情。

俗话说“活到老,学到老”,这是对老年人的一种鞭策。人生不一定会在哪里遇到挫折,如果遇到挫折,认为励志只是年轻人的事情,就停滞不前,那么以后的人生只能蹉跎岁月。年轻之时励志，跌跌撞撞，为人生积累经验；年老之时更应该励志，利用年轻时积累的经验，使人生的价值最终得以实现。

因此，我认为励志是我们每一个人、每一个人生阶段都应有的信念与激情。

23. 怎样理解"舍"与"得"

【参考范例】

佛教中，舍即是得，得即是舍；道教中，舍是无为，得是有为；儒家曰，舍恶以得仁，舍欲以得圣。在我看来，舍是付出、是投入，得是收获、是回报。舍得是一种大智慧。孰舍孰得，是大智慧者在洞悉了大势所趋后的智慧抉择。舍得，先有舍才有得，舍是得的基础。所以，古人说："将欲取之，必先予之。"

舍是一种抉择，面对它，我们不仅需要勇气与豪气，更需要能透彻事物的眼光与智慧。孟子的舍生取义成了千百年来读书人坚守至今的信念；王昭君舍弃了锦衣玉食，得到了汉朝太平与后世赞美；李白舍弃了富贵，而留住了"安能摧眉折腰事权贵，使我不得开心颜"的傲骨。

舍而后得，是自然的辩证法，也是生活的辩证法。生活充满了舍与得的选择，我们在选择中逐渐成熟。学问要有取舍，生意要有取舍，情感要有取舍，实现人生价值更要有取舍。正如孟子所说："鱼，我所欲也；熊掌，亦我所欲也。二者不可兼得。"

豁达的人懂得超脱，智慧的人懂得舍得。人生不只是追求，还有舍弃。"得"的快乐往往与"舍"的痛苦相随，成功的选择来源于明智的舍弃。舍弃并不意味着放弃，而是为了将来更高层次的获得。

24. 谈谈你对分享的理解

【参考范例】

分享的精髓在于平等与博爱。人人平等，所以要"均分"；人人相爱，所以要"共享"。

分享能促进人类的进步。人类与其他动物的一个区别就是能通过语言、文字等传播媒介分享他人的经验,正是这一点使人类能够走出丛林,延续文明。现在人类已步入了信息时代,资源的共享成为这个时代的主旋律。

分享能使人更好地融入社会。当人们主动与别人分享自己的东西时,当人们提出对双方有利的建议并付诸行动时,常常能赢得别人的好感,从而为进一步交往打下基础。而那些只习惯于独自享受、为自己谋利的人,是很难与他人相处共事的。

分享能让自己得到快乐。与他人分享能够使我们增添快乐,减少悲伤。通过与别人分享,我们能实现我们内心所追求的价值。

分享是一种大智慧,需要豁达的心胸、坦诚的态度,还需要智慧和策略。虚伪奸诈者不会分享,对利益的攫取使他们鼠目寸光;谨小慎微者不懂得分享,对世界的疑惧湮没了他们的好奇;狂妄自负者不屑于分享,愚妄的优越感蒙蔽了他们的双眼。

25. 你怎样看待压力与动力

【参考范例】

压力存在于我们社会生活的各个方面,压力既可以转化成动力,也可以成为阻力。

常言道:"井无压力不喷油,人无压力轻飘飘。"适当的压力是前进的动力。人正是因为有了压力,才更加有紧迫感、危机感、使命感,才更加明确自己的定位,清楚自己的差距。于是压力转化为动力,能让我们向着更高的人生理想迈进,实现人生的价值。

然而,当压力过大或不能被正确面对时,压力可能就会成为阻力,导致有些人走向失败。可见,压力也有消极的一面。

所以,当我们面对压力时,我们需要的是冷静下来、认真对待。面对压力,我们要在战略上藐视,在战术上重视。"藐视"即增强自信,相信"事在人为";"重视"即正视现实,正确、客观分析后采取相应对策。与此同时,应当提高心理素质。我们要善于把压力转化成动力,而不是让它变成阻力。

26. 怎样看待挫折

【参考范例】

每个人的一生中都会遭遇挫折，有的人因挫折而取得成功，有的人却因挫折而走向失败。挫折对弱者而言是一个无底深渊，而对那些敢于面对挫折的人来说，它是一块成功的垫脚石。

1914 年 12 月的一个深夜，爱迪生的制造设备被一场大火严重毁坏，损失惨重。但他说："灾难有灾难的价值，我们的错误全部烧掉了，现在可以重新开始。"爱迪生的成就令人佩服，但更让人佩服的是他面对挫折的乐观态度。人的一生中，难免会有挫折、坎坷，抑或是沉重的打击，但重要的是不能丧失战胜它们的勇气。

挫折不等于失败，经历了挫折的成长才更有意义。只有经受了挫折，我们的脚步才能更加坚实。挫折是人生最好的老师，也是人生的一笔财富。享受挫折，享受快乐人生。

27. 你对"成功的人善于借鉴"的看法

【参考范例】

如果说成功者有什么共通之处，善于借鉴别人的经验是其中一个。大到一个国家、一个企业，小到一个人，做任何事只有善于吸收和借鉴别人的经验，才能少走弯路、事半功倍。

善于借鉴，是国家强盛的重要因素。日本是一个勇于和善于借鉴外国经验的国家，可以说日本的历史就是一部借鉴和学习外国经验的历史。尤其是近代的日本，更是通过明治维新借鉴学习西方发达资本主义国家的经验，使其走上通过工业化方式探索现代化之路。

善于借鉴，是企业在竞争中取胜的重要因素。海尔集团学习借鉴了德国冰箱的技术，将其消化吸收，于是有了今天的辉煌。

善于借鉴，是个人走向成功的必备素质。可见，无论在任何领域，成功者必有可取之处,善于借鉴成功者的经验,可以使我们更快地走向成功。当然,我们既要学习别人的成功经验,也要吸取别人的失败教训。吸取别人失败的教训,可以让自己少走弯路、错路。

28. 怎样走向成熟

【参考范例】

什么是成熟?成熟不是市侩和庸俗,成熟是生命的一种境界,它让我们学会从容面对人生的一切。

成熟是一个终身的过程,而不是一个结果。通往成熟的道路,没有终点,只有行程。成熟是相对的,而不是绝对的。

走向成熟,要有自立的精神。一个成熟的人在思想、行动、经济上具有较强的独立性,清楚自己能做什么、要做什么,有明确的人生目标,并且用行动去实现。

走向成熟,要学会控制自己的情绪。“不以物喜,不以己悲”,面对挫折、困难有相当的承受能力,面对成功和荣誉不沾沾自喜。

走向成熟,要善于自我反思,这是走向成熟的必要条件,也是成熟的重要标志。否定自己是出于对真理和对自我的认知,而不是妄自菲薄和自轻自贱。成熟不是不犯错误,而是能从错误中吸取教训。

走向成熟,要培养自己的优良品质。成熟并不排斥纯真,不排斥诚实守信等优良品质,真正的成熟是理性、智慧、纯真与道德的统一。

因此,走向成熟,是人一生的功课,推动我们一点一滴地进步。

29. 谈谈对创新的看法

【参考范例】

创新是人类特有的认识能力和实践能力,是人类主观能动性的高级表现形式,是推动民族进步和社会发展的不竭动力。

我们的思维需要创新,我们的生活需要创新,我们的社会需要创新,我们的国家和民族需要创新。没有创新，就没有丰富多彩的物质世界。人类要在创新中求生存，求发展。

要进行创新，就要注意继承前人优秀的成果。创新不是闭门造车，不是自己的主观臆造，缺少了继承，创新便会成为无源之水、无本之木。只有既懂得发挥自己的主观能动性，勇于创新，又善于继承前人的传统，才能取得成功。

要进行创新，我们要有打破思维定式、敢于否定权威的科学精神。科学精神能赋予人们探索自然界奥秘的兴趣、求真的理性和创新的意识，是创新的精神动力。25 岁的爱因斯坦敢于冲击权威，提出了光量子理论，奠定了量子力学的基础。随后，他又勇敢地颠覆了牛顿的绝对时间和空间的理论，创立了震惊世界的相对论。

要进行创新，就要形成创新和创造的社会氛围。长期以来，我们的教育习惯用既定的、现成的知识去充斥学生的头脑，从而限制、约束了学生的创造力，所以学校要锐意改革，实施全面的素质教育，培养具有创新精神和创造能力的专业人才。创新需要学校和社会的共同努力，营造出创新的氛围和环境。

30. 谈谈你对改变的理解

【参考范例】

每个人都有自己的个性，但世界不会为你而改变，环境也不会主动去适应你。要想改变世界、改变他人，首先要改变我们自己。

改变自己，是一个自我完善的过程。三国时期的东吴名将吕蒙就是一个很好的例子。吕蒙开始时只知道舞刀弄枪，经孙权指点后，他发奋读书，后来连鲁肃都说：士别三日，当刮目相看。吕蒙因为孙权的一席话，改变了自己，真正做到了文武双全，为成就吴国的霸业打下了基础。

改变自己是个痛苦的过程，就像毛毛虫变成蝴蝶要经历千辛万苦的蜕变。改变自己，不是对现实的一种逃避，不是寻求消极解脱，而是积极地结束过去。改变自己，需要有坚强的意志、坚持不懈的努力和顽强的毅力。改变自己，可以让自己的生命不断升华。

31. 怎样看待欲望

【参考范例】

欲望是人类本能的一种释放形式，构成了人类行为最内在与最基本的要素。它既有积极的动力作用，也有消极的破坏作用。

欲望是人类进化、社会发展的动力。人类的欲望还可以推动社会的发展。人类为了追求物质生活的提高，发展了生产力。从刀耕火种到第一次工业革命，再到如今的电子信息革命，这些巨大变革都是以人的欲望为动力产生的。欲望让人精神振奋、充满热情，积极地去实现自己的生命价值。

但是，欲望的过度释放会形成破坏的力量。欲望不是纯粹的、绝对的东西，它需要理智的调控与节制。过度的欲望可能导致人走向堕落，让人们在灯红酒绿中迷失自我，失去原有的道德操守和价值观念。

所以，面对众多的欲望，人要择其善者而从之，择其不善者而改之。探索欲、求知欲、成才欲、奋斗欲等，能给人带来奋进的动力，使人不断进步，这些欲望我们可以积极追求。而金钱欲、毁灭欲、霸占欲等，是消极的欲望追求，我们应该理性控制，懂得欲望要受道德和法律的束缚，不能为所欲为。青年学生不要在浮躁的社会环境中迷失自己，而要放正心态、专心学习，成为有用的人才。

32. 敢于说“不”

【参考范例】

生活中常有人告诫青年要小心处世，有所畏惧。而我认为，我们应该抛掉畏惧，敢于说“不”。敢于说“不”，需要一种实事求是的态度，需要坚持真理的勇气。

我们要敢于对权威说“不”。常言道：真理总是掌握在少数人手中。我们应该有独立思考的能力。大多数人认可的不一定就是对的，我们不能盲从，要多想几个为什么。

我们要敢于对困境说“不”。人生中难免经历苦难和挫折，如果我们有勇气对它们说“不”，那么苦难会成为前进之阶，挫折会成为人生中的垫脚石，我们会变得更坚强、更勇敢。

我们要敢于对自己说“不”，因为人最大的敌人就是自己。只要是活生生的人，就会有人性的弱点和缺陷，就要敢于对自己说“不”。质疑和否定自我之后，不断克服困难，完成任务，才能走向不畏自我的、充满挑战的人生。

33. 谈谈你对责任感的认识

【参考范例】

责任感是一个人对自己、自然界和人类社会主动施以积极有益作用的精神。

人有了责任感，才能具有促使自己勇往直前的不竭动力，才能感受到自我存在的价值和意义，才能真正得到人们的信赖和尊重。一个缺乏责任感的人，会失去社会对自己的基本认可，失去别人对自己的信任和尊重。

责任感是每个合格公民必备的基本素质之一。学校要重视责任感的教育和培养，把它同爱国主义、集体主义教育结合起来，增强学生的集体主义责任感、荣誉感。就自身来说，我们要自觉培养自己的责任感，对自己负责、对家庭负责、对社会负责。

34. 平常心

【参考范例】

平常心，是一种不为感情所左右、不为名利所牵引，实事求是的心理状态。它不是仰视，不是俯视，而是平视——平淡、平等、平静地看问题。

保持平常心有助于我们的成功。我国女子射击运动员杜丽的事例能充分说明这个问题。杜丽曾在 2004 年雅典奥运会上为中国体育代表团射下首金，她赛后接受采访时说，自己如此稳定地发挥主要是靠赛前充分的心理准备，是这份平常心使她能发挥出自己的最佳水平。之后的 2008 年北京奥运会，作为中国体育代表团第一个参加比赛的杜丽，由于压力过大，没有如愿夺得首金。

但她及时调整好心态,在下一场比赛中,为中国再添一块金牌。可以说,这种宠辱不惊的平常心是她成功的主要原因。

怎样保持平常心呢?保持平常心,要以知识为底蕴,以勇气为后盾,要抛开个人得失与荣辱。保持平常心,要有从容淡定的自信心。做好每天要做的事情,享受生活的快乐。保持平常心,要正确估计自己的能力,既积极主动,尽力而为,又顺其自然,不苛求事事完美。保持平常心,要不骄不躁,以出世之心,做入世之事。

35. 怎样理解“生命是个不断净化的过程”

【参考范例】

智者说:“人有天使的一面,也有魔鬼的一面。”是天使还是魔鬼,关键看我们能否及时清理私心杂念,洗涤心灵的污垢。

在人生的道路上,要经历成功和失败、鲜花和掌声,要遭受嫉妒和伤害,受到误解和屈辱,在此情况下,有人走向了狭隘、自私、欺骗、猜忌、冷酷、仇恨和堕落,但更多的人还是选择了大度、宽容、诚实、善良、奋斗、高尚和进步。要想使自己的生命之花永远开得绚烂芬芳,就要善于对自己的生命进行稀释与提纯。不断地稀释不良的因素,提纯高尚的因素,你就会不断进步。

可见,生命是一个不断净化心灵的过程。净化心灵,贵在自我。因为只有自己才是心灵家园的清洁工,只有敞开心扉,才能看见污垢;只有布局简单,才能有效地清理污垢。如果总是用双手遮住自己的心灵深处,那么,污垢是永远洗涤不净的。经常净化心灵,才能塑造一个完美的自我。

人生就是这样一个不断放下和拾起的过程,放下那些不好的东西,拾起那些有价值的东西。持之以恒,会收获一个完美的人生。

36. 播种与收获

【参考范例】

播种一个行为,你会收获一个习惯;播种一个习惯,你会收获一种个性;播种一种个性,你会收获一种命运。“种瓜得瓜,种豆得豆。”如果你什么也不种,秋天收获的则是一片空白。

播种是收获之母。我国著名数学家陈景润住在一个6平方米的小屋里,用一支笔耗去了几麻袋的草稿纸,攻克了世界著名数学难题“哥德巴赫猜想”。

每个人都渴望得到收获,却很少怀着虔诚的心进行播种。人生的旅程荆棘丛生,我们只有播下坚定的信念,播下坚韧的品质,才能在收获的季节获得美好与成功。

37. 勇于开始,才能找到成功的道路

【参考范例】

勇于开始,才能找到成功的路。勇于开始,需要不顾一切的勇气和力量,需要有把失败归零、从头再来的大气魄。

鼓起勇气去开始吧,一个良好的开端,是成功的一半。一个坏的开端,也不见得就注定失败。如果我们因为惧怕在路上摔跤而原地不动,那就永远也到不了目的地。

勇于开始,才能通往成功。有一段时间,在政治上受到打击的丘吉尔整日心情抑郁,家人劝丘吉尔跟他的邻居学习油画。可是对着那张干净整洁的画布,他半天都不敢下笔,生怕出一点差错。那个画家见了,索性将所有的颜料全倒在了画布上。丘吉尔终于拿起他的画笔,开始在画布上任意涂抹起来。就这样,丘吉尔画出了他的第一幅作品。从此,丘吉尔开始放开手脚画画了,并有了长足的进步。最后,丘吉尔不仅给画坛留下了大量思维大胆、风格各异的油画作品,还恢复自信,东山再起,在英国甚至全世界的历史上开创了一番惊人的事业。

勇于开始,是要我们将心置于原点,不要让过去的失败牵绊住前行的双脚。勇于开始,才会有珠穆朗玛峰从海底崛起的巍峨壮观,勇于开始,才能铸就成功的人生。

38. 脚踏实地

【参考范例】

一个人要想成功,必须具备脚踏实地的精神。我国跳水运动员胡佳在重大赛事中总是屈居亚军。他立志要做到最好,于是更加脚踏实地地刻苦练习。在备战雅典奥运会的过程中,胡佳的训练量翻倍。四年,每天都是这样。每天要做那么多重复的动作,不仅耗费体力,对内心更是一种折磨。然而胡佳坚持了下来,脚踏实地,一步一步走向自己的梦想,一天又一天,一年又一年。2004年雅典奥运会胡佳一举夺得男子10米跳台金牌,是脚踏实地让他完成了梦想。

只有脚踏实地,付出更多的努力和耕耘,我们才能真正体会到成功的喜悦。成功要有坚实沉稳的地面做根基,辛勤的汗水去浇灌。如果耽于幻想,企图一步登天,不劳而获,最后只能落得惨淡的下场。所以,我们要戒除浮躁和不安分的心态,多一些沉稳务实的态度,相信通过自己脚踏实地的努力可以取得成功。

39. 昨天、今天、明天

【参考范例】

人生只有三天——昨天、今天和明天。

昨天是我们经历的台阶。没有昨天的攀登,就达不到今天的高度;没有昨天的积累,就不会有今天的成长壮大。昨天记录着我们的失败和成功、羞辱和荣耀、教训和经验、苦难和幸福。我们在昨天走过的路程中感悟道理、启迪心智。

明天是我们理想的高地。没有明天,昨天就会成为废墟;没有明天,今天就到了尽头。明天里藏满了宝物、机遇和奇迹,明天里充满了憧憬、期待和希望,明天里蕴涵着我们生活的意义。

但是昨天和明天固然重要,最重要的却是今天。因为昨天不能回来,明天还不确定,而能有把握的就是今天。事实证明,在事业上有成就的人,都是善于从“今天”抓起的人。鲁迅先生曾深感“今天”的重要,谆谆告诫青年办一切事情都要“赶紧做”，否则就要功亏一篑，甚至一事无成。京剧花脸前辈郝寿臣也是一位善于抓“今天”的人，他床头贴着“睁眼就起”，吃早点的地方贴着“赶快吊嗓子”。

我们要记住昨天，憧憬明天，但不要为过去的失误而一味后悔，也不要总沉浸在对明天的想入非非里，最重要的是要把握今天。只有把握今天，才能巩固昨日的辉煌；只有把握今天，才能实现明天的梦想。

40. 激情——点燃生命之灯

【参考范例】

激情是什么？是我们人生之初的梦想，是我们战胜困难和挫折的无穷动力，是我们获得每一次成功喜悦的源泉，更是我们坚守生命本色的基石。

因为有激情，所以曹操有“老骥伏枥，志在千里”的奔放；因为有激情，所以李白有“长风破浪会有时，直挂云帆济沧海”的豪爽；因为有激情，所以毛泽东有“数风流人物，还看今朝”的豪情。因为有激情，诞生了不朽的艺术作品，但丁的《神曲》、贝多芬的《命运》、罗丹的《思想者》、梵·高的《向日葵》，哪一个不是大师们激情燃烧时妙手打造的精品？大自然中也充满了激情：波涛是大海的激情，它创造了宁静的沙滩；鲜花是植物的激情，它创造了缤纷的季节；星光是宇宙的激情，它创造了璀璨的夜空；晚风是夜与昼的激情，它创造了黄昏时的浪漫。

激情是一种天性，是生命力的象征。激情与欲念结合就是冲动，激情与智慧结合就是创造和发明，激情与浪漫结合就是艺术与爱情。最有价值的人生是深邃的智慧与崇高的激情的交织。任何一件缺乏激情的艺术，都不会具有崇高的震撼力；任何一个缺乏激情的生命，都不可能实现有质量的人生。让我们充满激情地去生活，我们的生活将快乐而幸福。

41. 理想与现实

【参考范例】

理想指向未来，是我们对有可能实现的奋斗目标的向往和追求。理想是建立在实际基础之上的,脱离了实际那叫空想、幻想。

理想对人生、对社会具有指导和促进作用。崇高的理想是社会进步的助推器,是人生的精神支柱。理想是认识的方向。托尔斯泰曾说:“理想是指路明灯,没有理想,就没有坚定的方向,没有方向就没有生活。”人生理想的实现,就是把理想从观念转变为现实。所以要实现人生理想,就要正确认识理想与现实的关系,创造理想向现实转变的条件。

理想和现实是一对矛盾体,它们既对立又统一。理想是未来的现实,现实是理想的基础。理想总是美好的,可是现实中既有美好的一面,也有丑陋的一面,不是所有的理想都能实现。

解决理想与现实的矛盾,实现理想向现实的转变,就要把握理想的科学性,要在正确认识社会现实的基础上,树立合理的人生理想。当理想与现实之间发生冲突时,有的人就会怀疑自己,陷入苦闷和彷徨的境地,就会放弃或降低理想。这是不可取的。只有坚持远大理想,通过改变现实,使现实朝着理想的方向发展,才能达到理想的彼岸,让现实开出灿烂的花朵。

42. 善待自己

【参考范例】

善待自己不是放纵自己,更不是以自我为中心的自私自利。善待自己是自我释放、自我调节、自我塑造的一种行为方式,也是一种积极健康的生活态度。

如何善待自己呢?我认为,善待自己的人,首先必是一个会悦纳自己、安慰自己的人,能体验到自己的存在价值,既能了解自己,又能接受自己,具有自知之明。一个善待自己的人,必是一个充满自信与乐观的人,不管人生是多么的平凡,都能从自己的身上找到闪光的地方,不管生活是多么的平淡,心里永远都洒满温暖的阳光。

善待自己,不是盲目地宽容和放纵自己,而是努力追求完美,经营好自己的人生。善待自己的人,必定懂得如何充实自我,笑对生活。庸人用物质享受麻木自我,智者用精神追求美好生活。以一颗积极进取的心,投入工作和学习,充实自己的每一天。善待自己的人,在追求中积极进取,在乐观中大放异彩。

善待自己，也要学会善待别人。善待他人，是一剂良药，是阴云遮不住的晴空，是一朵馨香的花朵，给别人幸福，也给自己快乐。善待他人也就是善待自己。只要我们自己用一颗善意的心去对待别人，那么最终得到善待的总会是我们自己。

43. 只有千锤百炼，才能成为好钢

【参考范例】

玉不琢不美，人不磨不灵。在磨炼中造就自己，重塑自我，才能使人生的价值得到最大的实现。人生到处多磨炼，我们不应该在磨炼中放弃，而应在磨炼中学会自强。

磨炼是种修行，凡成功的人必定经过了苦难的磨炼。孟子曾说："故天将降大任于斯人也，必先苦其心志，劳其筋骨，饿其体肤，空乏其身，行拂乱其所为，所以动心忍性，增益其所不能。"只有经过千锤百炼，才能成为好钢。

我们要勇敢面对生活的磨炼。磨炼自己就是在艰难困苦的环境中锻炼自己，让自己不断成长，走向成功。磨炼自己，要有忍辱负重的精神，即使面对流言蜚语，也能经受生活的考验，始终朝着自己的目标前进；磨炼自己，就要把人生中的每一次挫折，都看成是促使自己成长的机会。因为只有战胜挫折，希望之花才能开得绚丽，生命之果才能变得成熟。善于磨炼自己的人，不计较生命中的一得一失；善于磨炼自己的人，对自己追求的梦想矢志不渝。英雄是在困难中体现的，钢铁是在磨炼后坚强的。如果没有那凶猛的风雨，怎会有美丽而招人喜爱的彩虹？

44. 授人玫瑰，手留余香

【参考范例】

授人玫瑰，手留余香。给予就是获得，你把最好的给予别人，别人也会把最好的送给你。你帮助的人越多，你得到的也越多。相反，我们越是吝啬，就越会一无所有。

19世纪中叶的一个冬季里,有一个少年流浪到了美国南加州的一个小镇上。在那里,善良的杰克逊镇长收留了他。冬季的小镇雨雪交加,镇长杰克逊家花圃旁的那条小道变得泥泞不堪,行人纷纷改道穿花圃而过,弄得里面一片狼藉。看到这些,少年便冒着雨雪看护花圃,不让行人从那里通过。此时,镇长挑来了炉渣,将那条小路铺好,并对少年说:“关照别人不就是关照自己么!”这句普普通通的话,让少年的心灵受到很大震撼和启迪。他就此悟出:关照别人虽然也需要付出,但同样能得到收获。镇长的一句话,成为这个少年终生享用不尽的巨大财富,他就是后来的石油大王哈默。

可见,那些慷慨付出、不求回报的人,往往容易获得成功。关爱别人就是关爱自己,我们要怀着幸福、感恩的心态去善待别人。授人玫瑰,手留余香。

45. 怎样理解“行百里者半九十”

【参考范例】

“行百里者半九十”出自《战国策》,意为一百里的路程,走到九十里也只能算是开始一半而已。比喻做事越接近成功越要认真对待。这说明,越到最后,事情越关键、越重要。所以做任何事情一定不能忽略最后一步,最后一步往往才是关键。如果不能坚持到底,就会与成功失之交臂。

人生犹如一盘棋,哪怕开局多么占有优势,中盘多么气势凌人,如果没有恒心将优势保持到最后一秒,那也终将和胜利擦肩而过。

1950年,弗洛伦丝·查德威克因成为第一个成功横渡英吉利海峡的女性而闻名于世。两年后,她从卡德林那岛出发游向加利福尼亚海滩,想再创造一项纪录。那天,海面浓雾弥漫,海水冰冷刺骨。在游了漫长的16个小时之后,她的嘴唇已冻得发紫,全身筋疲力尽。就在剩下最后一英里时,她放弃了,因此功败垂成。

可见,在我们向一个目标奋进的时候,如果中途放弃,就会失败在离胜利不远的地方。在我们的人生旅途中,当你觉得坚持不住了,为自己加把劲,坚持不懈、奋斗到底,把一件事情做完,就意味着一次成功。无数个小成功加起来,就会铸成一个成功的人生。

46. 平凡与伟大

【参考范例】

平凡与伟大是对立统一的矛盾体。平凡是伟大的基础,伟大是平凡的升华。

平凡与伟大之间并非相隔千里,有时仅一步之遥。人可以在平凡中创造不平凡的事迹。英国人瓦特只是一个工人,但在平凡的工作中发明了蒸汽机;瑞典化学家杜勒 13 岁起便在一家药店当学徒,长达 8 年的平凡工作——制药,使他对化学产生了浓厚的兴趣,并通过实验研究,第一个分析出了氧气,使人类科学向前迈进了一大步。他们都是在自己平凡的工作中创造了伟业。

伟大中蕴涵着平凡。一座摩天高楼是雄伟的,但是它需要许许多多平凡的奠基石来支撑,如果没有这些平凡的石块,高耸入云的大楼就会坍塌;一条拦河大坝是雄伟的,然而它是由一块块碎石组成的,如果没有了这一块块碎石组成的钢筋混凝土,大坝就会被冲垮。由此可见,伟大离不开平凡,没有平凡,伟大将不复存在。

世人皆想超越平凡,追求伟大,但要想超越平凡达到伟大并非易事。其实,能够安心做一个平凡的人也不容易。每个人的条件不同,绝大多数人只能平凡地度过其一生,只有少数人才能成就其伟大。平凡中孕育着伟大,我们要面对现实,脚踏实地,勇于拼搏,坚信自己一定会在平凡的道路上做出不平凡的事业。

47. 想象力与知识哪个更重要

【参考范例】

爱因斯坦说:“想象力比知识更重要,因为知识是有限的,而想象力概括着世界上的一切,推动着进步,并且是知识进化的源泉。”

想象力是一种宝贵的品质,它是发明创造的源泉。一个没有想象力的人,是不可能具有不断探索的创新精神的。想象力能增强一个人学习的主动性、预见性和创造性,能使人在学习中找到意想不到的灵感和捷径。费希尔给中国学生提出的最大忠告是“少学习,多思考”。他认为科学的本质和艺术是一样的,需要直觉和想象力。而把太多信息塞入学生的大脑,会让他们没有时间放松,没有时间发展想象力。

说想象力重要,并不是否定知识的重要性。知识是想象力转化的基础与前提,没有知识的吸收与积累,想象力也就成了无源之水、无本之木。想象力与知识是相互促进的,只有具备丰富的知识,才能为想象力的自由驰骋打下基础,但在后天培养过程中必须跳出思维定式的窠臼。在中国当前的教育情况下,我认为想象力的培养更为缺失,所以也更为重要。

48. 谈锲而不舍

【参考范例】

锲而不舍是一种良好的素质。《荀子·劝学》里就有“锲而舍之,朽木不折;锲而不舍,金石可镂”的古训,教育我们要有恒心、有毅力。同样的句子还有“骐骥一跃,不能十步;驽马十驾,功在不舍”。因此,成功的秘诀不在于一蹴而就,而在于你是否能够持之以恒。

苏格拉底教他的弟子们一个动作,让他们每天坚持做一百个。一天过后,每个人都做了;一个月过后,只有一半的人坚持了下来;一年过后,只有一个人坚持了下来。这个学生就是后来成为古希腊哲学家的柏拉图。从这个故事中可以看出:成功贵在有锲而不舍的精神和坚持不懈的毅力。任何伟大的事业,都是成于坚持不懈,毁于半途而废。

锲而不舍是一种坚持。很多时候,你坚持的时间还决定着你研究的深度,只有一步步走下去,才会获得成功。李时珍坚持游历四方品尝百草,才换来《本草纲目》的详细与准确;达·芬奇坚持对着鸡蛋临摹千百遍,才有了《蒙娜丽莎》的美丽与生动。他们坚持了,所以成功了,而那些轻言放弃的人,只能在失败的阴影里一事无成。

总之,我认为,锲而不舍是一种朝着目标不断前进的精神。一个人要有锲而不舍的精神才能做好每一件事,并最终走向成功。

49. 谈一下你的友情观

【参考范例】

我认为朋友可以分为三类：挚友、诤友和忘年之交。

挚友是知心的朋友。这样的朋友什么都可以讲，你了解他的想法，你也会放心地把你的想法告诉他。这样的朋友，在你需要帮助的时候会出现在你的身边，知道你需要什么，而且毫不吝啬地伸出手；如果他有困难，你也会鼎力相助。只有彼此完全信任的人，才可以做挚友。

诤友是一种看似有点讨厌的朋友。他会毫不留情地指出你的不足，甚至会因为一个问题和你争得面红耳赤、吵得不可开交。这样的朋友是很可贵的，因为只有真正重视一个人、把一个人当作朋友的时候，才会说出逆耳的忠言。人最怕骄傲自满，有这样的朋友在身边可以时刻警醒你，有则改之，无则加勉。

忘年之交其实是一种亦师亦友的关系。他们会把你当作晚辈，把他们的经验和教训都告诉你，他们的社会阅历会使你受益匪浅，和他们的交流会让你变得更成熟。

不管是哪种友情，都需要靠时间来沉淀。朋友相处，必须胸襟坦荡。如果朋友之间都要躲躲藏藏，闪烁其词，那么即使曾经是朋友，也会分道扬镳。朋友之间，我觉得还应该包容，不应该为小事而斤斤计较。你为友情的付出再多，也是值得的，因为这个世界上真正的友情很难得。

50. 你如何看待成功

【参考范例】

我认为，成功就是一个人设定了某种发展方向和目标，在经过艰苦的努力后取得了成果，达到了自己预想的目标。很多人之所以努力地工作，就是为了达到所谓成功人士的标准。如果达不到或没能一下子达到这个标准，就会觉得自己是一个失败者。

成功并不是衡量人生价值的最高标准。比成功更重要的是一个人要拥有丰富的内在,有自己真正喜欢做的事,这样在任何情况下都会感到充实和踏实。那些仅仅追求外在成功的人,他们喜欢的只是名利,一旦在名利场上受挫,他们内心的空虚就会暴露无遗。把自己喜欢做的事做好、做得完美,让自己满意,这才是成功的真谛。当一个母亲孕育了一个可爱的小生命,一个诗人写出了一首美妙的诗,所感觉到的就是成功的喜悦。

简而言之,成功就是在自己喜欢的岗位上发挥自己的优势,将工作做得出类拔萃。

51. 如何评价“拔苗助长”

【参考范例】

“拔苗助长”这个成语讲述的是一个人为了使自己田地里的禾苗长得快,便将禾苗不断往上拔,结果禾苗不但没有长高,反而快速地枯萎了。这个成语,我们耳熟能详,然而今天,在孩子的教育上,我们却仍然犯这样的错误。

很多父母为了不让孩子输在起跑线上,做出了很多违背幼儿生理、心理以及教育发展规律的事情,绞尽脑汁地拔苗助长,从而给孩子的身心造成了极大的伤害。家长们急于求成的浮躁心态和所运用的强制性方法,严重地压抑了孩子的兴趣,给孩子造成了紧张焦虑的心情,久而久之将严重影响孩子个性的健康发展,结果注定是得不偿失。

其实,成功人士往往不是最聪明的,但他一定具有其他人所不具备的某种人格特质,例如超强的毅力、卓越的领导力等。所以父母不要一味迷信智力开发,让孩子无休止地上各种补习班,而应该着重培养孩子的群体生活智慧、想象力及创造力。

当孩子有了健全的心智、快乐的人生观时,任何挑战都能面对。我们应接受“拔苗助长”的教训,让孩子健康地成长。

52. 你认为智商和情商哪个更重要

【参考范例】

智商反映了一个人的智力水平，而情商则反映了一个人在认识自我、控制情绪、激励自己以及处理人际关系方面的能力。我认为，在现代社会中，情商比智商更重要。

在现实生活中，有些人智商高，但情商却不高，他们在学习和工作上能力很强，但人际关系却处理不好，事业发展也很曲折。而那些智商平平但情商很高的人，由于生活积极、心胸豁达，拥有百折不挠的精神，往往在事业上更容易获得成功。丹尼尔·戈尔曼在他的《情商智力》一书中指出：情商与人生活的各方面息息相关，是决定人一生快乐、成功与否的关键，情商比智商更重要。

众所周知，曾国藩是我国历史上一个非常具有影响力的人物。他小时候并不聪明，甚至有些愚笨，曾国藩在求学和仕途上也遇到过很多困难，经历过很多次失败，但是他却凭借不服输的韧劲和坚持不懈的毅力，造就了自己成功的人生，成为中国晚清"第一名臣"。

一般而言，情商较高的人在人生各个领域都占尽优势，无论是谈恋爱、人际关系，还是在主宰个人命运等方面，其成功的机会都比较大。此外，情商高的人生活更有效率，更易获得满足，更能运用自己的智慧获取丰硕的成果。反之，情商低的人，因为不能很好地驾驭自己的情感，内心经常会发生激烈的冲突。这些冲突削弱了他们的工作能力和思考能力，从而影响了他们的发展。所以说，情商的高低决定了智商水平的发挥，情商比智商更重要。

53. 怎样看待怀才不遇

【参考范例】

当下，有不少年轻人常常因为工作不顺心、职务晋升不满意而心生"怀才不遇"的感慨，整天牢骚满腹，怨天尤人，从而影响了工作和学习，这种心态是十分错误的。

俗话说,千里马常有,而伯乐不常有。生活中,我们难免会遇到各种各样的问题,有些问题让我们心生怀才不遇之感。面对这样的情况,我们不应该悲观失望、颓废气馁,而是要把怀才不遇当成对自己的一种磨炼。

首先,我们要正确面对"怀才不遇"的逆境,保持良好的心态。我们要树立信心,相信自己一定能成功。

其次,我们要正确看待自己的得失。"三百六十行,行行出状元",我们要干一行爱一行。只要扎扎实实地做好本职工作,是金子总会发光的。"怀才不遇"只是暂时的,这样的逆境更能磨炼人的意志,激发人的潜能。

最后,要发现自身存在的差距,不断改善和提高自己的知识结构和能力素质。视眼下的坐冷板凳为充实知识、锤炼才干的绝佳机会,为以后的脱颖而出储备力量。因此,一时的"怀才不遇"并不可怕,怕的是自己虚度岁月,荒废学习。

54. 怎样看待"一加一大于二"的问题?

【参考范例】

2017年5月14日,国家主席习近平在"一带一路"国际合作高峰论坛发表主旨演讲时提到"一加一大于二"。在这次论坛中,中国通过与老挝、柬埔寨、缅甸、匈牙利等国进行政策对接,从而实现了"一加一大于二"的效果。

"一加一等于二"是我们大家熟悉的一个数学等式,然而用到部分和整体的哲学关系中时,则往往会出现"一加一大于二"的效果,也就是说,整体的功能要大于两个独立个体的功能和作用。

当今社会更多讲求的是合作共赢,在我们的工作和生活中经常会遇到"一加一大于二"的情况。例如,2004年第四届电视舞蹈大赛中,一个独臂的女孩和一个独腿的男孩用舞蹈演绎了自己真实的故事《牵手》,他们用令人震撼的艺术,铸造了生命的绝美,向我们真切地展示了"一加一大于二"所发挥出的令人折服的艺术效果。

再如,面对我国老龄化问题越来越严重的社会现实,很多独居老人选择"抱团取暖"的方式,几位老人在一起共同生活,相互照顾。这样的居住方式既减轻了子女的负担，又丰富了老人的晚年生活，真是一举两得。

总之，在我们的工作和生活中，我们要打破固有思维模式，积极运用“一加一大于二”的智慧，寻求合作，创造共赢。

55. 谈谈你对“毛遂自荐”的理解

【参考范例】

“毛遂自荐”的故事出自西汉司马迁的《史记·平原君虞卿列传》，讲的是平原君的门客毛遂自我推荐，跟随平原君去楚国谈判。他以囊锥作比喻，说如果自己处于囊中，早已脱颖而出。在平原君与楚王谈判时，毛遂威言相加，才华毕露，谈判得以成功。“毛遂自荐”体现了一种敢于自我推荐、自告奋勇的精神。

“毛遂自荐”具有很强的现实意义。当今社会，人才竞争激烈，再也不是“酒香不怕巷子深”的年代，我们也不能像姜太公钓鱼一样坐等机会的来临，而需要有毛遂自荐的勇气去自我推荐，从而夺得先机。例如世界首富比尔·盖茨中学时期，曾到一家软件公司应聘，因为年纪太小而遭拒绝。他没有气馁，半夜跑到那家公司的垃圾堆里，找到了公司废弃的程序资料，并逐一修正。然后再次跑到该公司毛遂自荐。公司老板被他小小年纪就有这样的才华所折服，破例给他安排了一个重要职位。

通过这个小故事我们要注意的是，毛遂自荐是有前提的，那就是自荐者必须拥有真正的才华和能力，而且对自己充满信心，在自荐之前做好充分的准备。

总之，“毛遂自荐”体现了敢于展现自己、勇于承担责任的品质，这种积极进取、为梦想拼搏的精神在现代社会也是十分必要的，值得提倡。

第三章　名言警句类

1. 学而不思则罔

【参考范例】

子曰:“学而不思则罔,思而不学则殆。”只学习而不思考,只能是被动地接受知识,而不能将其转化为自己的认识,学得再多,也是一片混沌,懵懂茫然;反过来说,只思考而不学习,就不能吸收前人的知识,也就没有了思考的基础,必然流于肤浅,最终无所成就。

“学习要善于思考”这句话人人都会说,道理似乎也非常简单,但是,要想真正做到,并不是十分容易的事。比如说,有的同学上课认真记笔记,能记住老师讲的内容,却不会消化吸收,最终还是“营养不良”。这是因为他没有养成思考的好习惯,不能将老师讲授的东西再加工,当然就无法真正地掌握知识。同样,有的人只会夸夸其谈自己的理想抱负,却连生活工作的基本常识都没有学会,那最终也只是在原地打转。

我们要学习蜜蜂的工作方法,既会采蜜,又会酿蜜。学习是思考的基础,没有丰富的知识作为基础,就谈不上思考的深度和广度;思考是学习的继续,是探索其本质和规律的重要认识环节,是学习后的觉悟的过程,两者缺一不可。

2. 机遇只偏爱有准备的头脑

【参考范例】

我们常常会感叹一些人的运气好，碰到了好时机，因而才达到了学业或事业上的成功，但事实上我们要明白，机遇常常偏爱那些有能力、有才干的人。而这些能力与才干的获得，无一不是来自艰苦不懈的努力。

诚然，没有时代赐予的良机，就不会有成功者的人生辉煌和事业成就。然而，面对同样的环境、同样的机遇，并不是每个人都是幸运儿。在得到命运垂青之前，成功者都经过了长期艰苦的准备。在科学史上，善于辨识和把握机遇而获得成功的事例屡见不鲜。英国科学家弗莱明花了几年时间专心研究对付葡萄球菌的办法，却一无所获。后来他偶然看到一只培养葡萄球菌的碟子生了霉，长出了青绿色的霉斑，从而进一步观察研究，发现了青霉素。有人把科学家重大发现、发明的原因归结为偶然的机遇，实在是谬误。法国著名微生物学家巴斯德指出："在观察的领域里，机遇只偏爱那种有准备的头脑。"试想，如果弗莱明不是一个细菌学专家，或者对葡萄球菌没有经历数年的研究，或者粗心大意，把发了霉的培养液随手倒掉，那他还能成为青霉素的发现者吗？

现实生活中有些人总是坐等机遇，却不知机遇就像满天星斗，可望而不可即，即使机遇真的来到身边，他也发现不了，更不用说去捕捉和利用了。机遇只偏爱有准备的头脑，只有做好知识、文化、思想、心理等多方面的准备，勤奋努力，我们才能抓住它，利用它，并取得成功。

3. 勿以恶小而为之，勿以善小而不为

【参考范例】

"勿以恶小而为之，勿以善小而不为。"诸葛亮的这句话讲的是做人的道理。只要是恶，即使是小恶也不做；只要是善，即使是小善也要做。这句话我们铭记在心。

一位年轻妈妈带着孩子在公园游玩，孩子兴高采烈地把吃完冰淇凌的空纸

盒随手一扔,妈妈见状弯腰将之捡起,放进前方的垃圾箱里。这个小小的细节为这座城市增添了一分优雅、一抹风采。雷锋同志一生中并没有做什么惊天动地的大事,都只是一些细微的小事,可是他却因为这些小事永远活在了我们心中。所以我们一定要记住"勿以善小而不为"。

在日常生活中,我们常看到随地吐痰、乱穿马路等许多不文明的行为。这些看似都是小事,但是,如果一直放任自己做这些"小恶",那我们又怎能保证以后不会因此犯下不可挽回的大错呢?

世界上无论大事业还是小事情,都要有人去做。先学会了做人才能学会做事,做好了人才能做好事。事情做不好,可以从头再来,人做不好,很难重新再来。要让我们的祖国永葆青春、蓬勃发展,就要在我们青少年中褒奖真善美、贬斥假丑恶,伸张正气、抵制邪气,树立正确的荣辱观,做到"勿以恶小而为之,勿以善小而不为"。

4. 一个人的价值,应当看他贡献了什么,而不应当看他取得了什么

【参考范例】

人生的意义究竟是什么?是物质享受,还是对社会无私的付出?爱因斯坦说:"一个人的价值应该看他奉献了什么,而不应当看他取得了什么。"人生的意义在于奉献。

著名的物理学家法拉第一生勤奋,为实用电学的三大分支都作出了贡献,为后人留下了宝贵的科学遗产。他希望自己像蜡烛一样,有一分热,发一分光,为人类的科学事业贡献出自己的力量。但同时还有另外一种人:他们只梦想着自己拥有一切,却从来不愿付出。

臧克家的诗句说得好:有的人活着,他已经死了;有的人死了,他还活着。作为人类的一分子,为了人类的幸福和社会的发展,我们有责任、有义务做出自己的贡献。作为个人,要提高自己的生存质量,也有责任使自己的人生成为有价值的人生,能够为别人带来积极影响和帮助。那些只愿意索取的人,他们可能会有一些暂时的欢乐,但没有什么意义,他们终会随着肉体的消失被人们忘记。

“只要人人都献出一份爱，世界将变成美好的人间……”让我们每个人都贡献出自己的一份力量，让我们每个人的爱汇聚成汹涌的江海。

5. 学习永远不晚

【参考范例】

生活中许多人往往艳羡他人的成就，抱怨生活如何不公和命运如何不济，别人取得了成就，自己却失去了学习机会，现在想学什么都晚了。事实上，这只是懒人的一种借口，生命永远不会拒绝一个勤奋学习的人。每个人的命运都把握在自己的手中，只要我们想改变自己的命运，什么时候开始学习都不晚。如果找借口，不行动，永远都不会有改变命运的机会。

有个老人 70 多岁了，报名参加了日语班。同学们很惊讶：“学日语至少得两年工夫，那时您已经 72 岁了。”“如果我不学日语，两年后，我会是 68 岁吗？”是的，学习永远不晚。

李叔同年轻的时候，才华横溢，激进爱国，是我国新文化运动启蒙时期的先锋。中年时专攻音乐、美术等，立志教育救国。晚年一心向佛，对中国佛学文化的传播作出了巨大贡献。

学习，什么时候开始都不晚。只要有梦想，只要开始学习，为之努力，通向成功的路一直都在。

6. 非淡泊无以明志，非宁静无以致远

【参考范例】

这是诸葛亮写给他八岁儿子的话。淡泊宁静，就不会被喧嚣市井所困，不会被流言蜚语所伤，不会被物欲贪念侵蚀，不会被虚荣狡诈蒙蔽。宁静能致远，因心静而思考，因思考而得到灵魂的自由和永恒。淡泊能抚慰、净化、沉静人的灵魂，使人心无旁骛地去勇攀高峰。而宁静能使迷茫的人走出心灵的困境，它能使浮躁的心抛弃世俗杂念的羁绊，回归自然。面对如此纷繁复杂的世界，我们需要在变化多端的诱惑中保持淡泊宁静的心态，向着自己所追求的生命状

态,坚定不移地去努力。

孔子曰:"一箪食,一瓢饮,在陋巷,人不堪其忧,回也不改其乐。贤哉,回也!"凭着这种自得其乐的淡泊心境,颜回成了千古安贫乐道的典范,达到了乐在其中的最高境界。辞官归田后的陶渊明,在闲适与宁静中,体验着那种置身于世外桃源、与世无争的潇洒与飘逸,于是才流传着"采菊东篱下,悠然见南山"的千古名句。

不清心寡欲,就不能使自己的志向明确坚定;不安定恬静,就不能为实现远大理想而全神贯注地做自己的事情。这个闪烁智慧火花的名言警句,蕴涵着丰富的人生哲理,也激励和鞭策着我们要以平和的心态去积极进取。

7. 冬天来了,春天还会远吗

【参考范例】

"冬天来了,春天还会远吗?"雪莱的这句诗不但抒发了作者对未来的美好期盼,也揭示了事物在不断发展和转化的哲理。冬天是秋的沉淀、是春的孕育,冬天是万物经受考验的季节。在天寒地冻的生命旅途中,我们可能会遇到一个个困难、挫折,甚至更惨痛的失败。但那又有什么呢?只要经受住酷寒,我们就能孕育出人生的春天,博取人生成功的辉煌。

当我们感觉最无助、迷茫的时候,可能就是出现转机的时候。这好比黎明前的黑暗,是选择在黎明之前死去,还是全力以赴地挺过黑暗,迎接近在咫尺的黎明?黎明之前最阴冷,也最难熬,但它毕竟是短暂的。黎明就在眼前召唤,旭日马上就要升起,温暖即将来临,有的人坚持了下来,取得了成功;有的人坚持了许久,付出了很多,却在这个关键时刻放弃,以至于抱憾终生。

马云说:"今天很残酷,明天更残酷,后天会很美好,但绝大多数人都死在明天晚上,见不到后天的太阳,所以我们干什么都要坚持!"冬天寒风凛冽、大雪纷飞,就像所有的困难等着你去克服。但要相信:击败困难与挫折就是胜利的时候,就是春天到来的时候。

8. 要成就大事业，必须从小事做起

【参考范例】

千里之行，始于足下。不论什么事情，我们都要从基础做起，从身边的每一件小事做起。比如说让座问题，它属于生活中的一件小事，但我们可以“小中见大”，从中窥见一个人的文化素质、一个城市的文明程度，甚至一个社会的精神风貌。鲁迅不就是从“一件小事”中，看到一个普通车夫的高大形象吗？列宁在他的著作中，一再阐明小事情和大事情之间的联系，认为“做小事情是争取做大事情的最可靠的阶段”，“要成就一件大事业，必须从小事做起”。所以，我们无论在工作中还是在生活中，绝不可忽视小事情、拒绝小事情。

东汉的薛勤曾说：“一屋不扫，何以扫天下？”这令人深思。荀子《劝学》曰：“不积跬步，无以至千里；不积小流，无以成江海……”儒家遵循“修身齐家治国平天下”，这些讲的都是同一个道理：凡事皆是由小至大，小事不愿做，大事就会成空想。正所谓集腋成裘，成功是一个日积月累、持续不断的过程，任何企图侥幸的想法都是注定要失败的。要想成功，就必须要注重细节，勿以事小而不为。成功最重要的秘诀就是要去做别人不愿意做的小事，而且要努力把小事做好。做任何事，只要你迈出了第一步，然后一步步地走下去，就会逐渐靠近目标，从而走上成功之路。成功不是直线，是曲线，成功是累积的结果。

要成就大事业，必须从小事做起。让我们从小事做起，一步步攀登到成功的巅峰吧！

9. 事业常成于坚忍，毁于急躁

【参考范例】

中世纪波斯三大诗人之一萨迪说过：事业常成于坚忍，毁于急躁。的确如此，急躁常使我们不能冷静地审视客观条件而任意行事，其结果往往是事倍功半，甚至事与愿违。中国也有句古话：欲速则不达。

在通往成功的路上，我们会遇到许多挫折，会面临许多意想不到的挑战。

这时我们应该怎么办呢？坚忍、努力，我们才有可能与成功结缘。许多事情一开始看起来败局已定，但是，只要我们忍耐一段时间，并付出巨大的努力，也许就会“柳暗花明又一村”。每一个成功的人在确定了自己的正确道路后，都在不屈不挠地坚持着、忍耐着，直到胜利。作家罗兰说：“急于出头的，除了自寻烦恼之外，不会真正得到什么。像一粒种子，你要它长大，就必须先经过在泥土中挣扎的过程。不肯忍受被埋没的苦闷的话，暴露在空气中一个短时期之后，就会永远地完了。”可见，坚忍对于一个人成就事业的重要性。失败者往往对尝试新事物没有耐心，一次失败就彻底灰心了。

“失败是成功之母”，大道理我们都明白，关键问题是在遇到挫折和失败的时候我们怎么办。当我们着手去做一件事情时，可能会发现做这件事很困难，但是，只要我们坚信自己的决定是正确的，我们就需要忍耐，需要坚持下去，直到成功。

10. 莫等闲，白了少年头，空悲切

【参考范例】

岳飞的《满江红》里有这样一句话：“莫等闲，白了少年头，空悲切。”

岳飞20岁从军，从一个普通士卒成长为一名百战百胜、令敌人闻风丧胆的三军元帅。他珍惜青春岁月，换来一番作为，受到无数后人的尊敬和仰慕。鲁迅先生曾说过：“我哪里是天才，我是把别人喝咖啡的工夫都用在工作上。”人的一生在历史的长河中只是短暂的一瞬间，有谁不希望在历史的长河中留下辉煌的印记呢？那么，我们就更应该抓住宝贵的青春时光，去创造一个有价值的人生。

青少年时光是学习知识、增长本领的最佳时间，荒废了它，就等于荒废了人生。回想自己的青少年时光，也曾懊悔于往昔、沉浸于当时、彷徨于未来。我想对青少年朋友大声疾呼：珍惜现在美好的时光吧，抓住今天，你才无愧于昨天，才会自信地迎接灿烂的明天。珍惜生命的每一分每一秒，才能创造有价值的人生。

11. 万事开头难

【参考范例】

万事开头难，意思是说无论做什么事情，开始都是比较艰难的，而如果这个头开好了，就会有比较好的过程和结果。

记得小时候我学自行车，因为总是怕从车上摔下来，往往刚骑上去就赶紧蹦下来，结果学了很久还是学不会。可是，我看着别人悠然自得地骑车又很羡慕。终于有一天我鼓足了勇气，歪歪扭扭地开始自己的努力，结果却发现，骑自行车并不是什么可怕的事情。万事开头难，只要你着手开始去做，并且对自己充满信心，就一定会成功。不要因为一开始有困难或危险就选择放弃，难道你不想享受努力的过程和成功的喜悦吗？这世上没有一件事是一蹴而就的，坚持下来就会成功。

万事开头难，无论是工作还是学习，都有一个开头的过程，人们都是从什么也不懂的孩子慢慢地成长，其中一些人成为知识丰富的有用之才，从而为社会作出自己的贡献。如果我们不能树立自己学习的目标、工作的目标、人生的目标，那么我们就会变成一个庸庸碌碌而无所作为的人，也就失去了生存的意义。其实万事开头难，难在一个人的理念，难在一个人的心理，只要消除了这些畏难的因素，积极行动起来，事情就不难了。所谓"世上无难事，只要肯攀登"，说的就是这个道理。

12. 时间就像海绵里的水，只要愿挤，总还是有的

【参考范例】

"时间就像海绵里的水，只要愿挤，总还是有的。"这是鲁迅先生对时间的看法。时间到底是什么呢？不同的人有不同的答案。对于从事经济工作的人来说，时间是金钱；对于做学问的人来说，时间是资本；对于无聊的人来说，时间是债务；对于学生尤其是中学生来说，时间是财富、是资本、是命运，是千金难买的无价之宝。

子在川上曰:“逝者如斯夫,不舍昼夜。”时间是生命中最需要珍惜的,因为不经意间,我们就会被时间甩得很远,我们的一切成功、快乐、幸福都是以时间为前提的。时间的长短我们无法控制,但在有限的时间内我们可以做很多的事。抓住了时间,就等于抓住了机会,延长了生命。

有的人总是抱怨时间不够,可学校里那么多同学怎么就能很好地完成学习任务呢?是上天多分了几个小时给他们吗?不是的,别人在玩耍的时候,他们在学习。时间对于每一个人都是一样的,只是看大家有没有充分利用它。“少说话,多做事。”就是告诫我们要充分利用时间来做有意义的事情。时间就是金钱,时间就是生命,我们要像鲁迅先生一样争分夺秒地学习。只要我们愿意,总是可以找出时间的。学会挤时间,我们的生命将更加有意义。

13. 我爱我师,我更爱真理

【参考范例】

亚里士多德被马克思称为“古代最伟大的思想家”,被恩格斯称为“古代最博学的人”。亚里士多德在当时提出了自己的哲学学说,也对他的老师柏拉图的哲学论点提出了尖锐的批评。对此,亚里士多德说:“我爱我师,我更爱真理。”

孔子曾经说过“当仁不让于师”,肯定了学生符合仁的要求便可以挑战老师。在培养学生对真理的热爱方面,老师责任重大。如果老师以自己的权威为重,真理就永远不能被学生视为具有最高价值的东西。学生爱老师,因为是老师把他们引入真理的殿堂,老师要接受学生在追求真理时对自己的批判。

在真理面前,人人平等,不因其年龄、身份、地位等有所区别,不因权威、权势而改变。观点的分歧、思想的差异,难以泯灭真理探求者的情怀,难以冲淡真善美践行者的崇高和伟岸。韩愈《师说》中说:“弟子不必不如师,师不必贤于弟子,闻道有先后,术业有专攻,如是而已。”作为弟子,学问未必不如自己的老师。弟子的学问不一定比老师差,而老师的品德也未必比弟子的高尚。学习事物有个先后过程,不同的人对不同的行业都各有钻研,道理就是这样的。我爱我的老师,但我更追求真理。

14. 勤能补拙是良训，一分辛苦一分才

【参考范例】

勤能补拙是良训，一分辛苦一分才。华罗庚的这句名言告诉我们：成功需要刻苦勤奋。天赋不高的人，只要笨鸟先飞，也能创造奇迹。龟兔赛跑的故事妇孺皆知。按理，笨拙的乌龟跑不过机灵的兔子。可是，兔子骄傲而懒惰，竟然在途中打瞌睡；乌龟谦虚而勤谨，居然夺取了冠军。这个寓言的寓意多么深刻。

一代宗师梅兰芳在年轻时去拜师学戏，师傅竟说他生着一双死鱼的眼睛，既灰暗，又呆滞，根本不是学戏的材料。然而天资的欠缺并没有使他灰心，反而促使他更加勤奋。他喂鸽子，每天仰望着天空，双眼紧跟着飞翔的鸽子，穷追不舍；他养金鱼，每天双眼紧跟着遨游的金鱼，寻踪觅影。到后来，梅兰芳的眼睛变得好比一汪清澈的秋水，脉脉含情，最终成了一名著名的京剧大师。一个人天资再高，假如后天不勤奋努力，必然做不成大的事业，甚至无法生存。一个人天资一般，假如能勤奋学习、刻苦用功，最终必有收获。

在竞争的过程中，天资并不是制胜的决定因素。方仲永何其聪慧，但他陶醉在自己的天分里，最后还不是庸庸碌碌？舟舟是个智障儿，但他指挥的乐队竟能在国际上获奖，这与舟舟的那份执着勤奋是分不开的。要想知道一个人的成就有多大，不是看他所获得的荣誉和知名度，而是了解他在成功之前究竟流了多少汗、克服了多少困难、花费了多少心血，准确地说就是看他到底有多勤奋。要知道，失败的人或许是聪明的，但最终获得成功的人绝不是懒惰的。因此，我们要时刻记得：勤能补拙是良训，一分辛苦一分才。让我们从不懈的努力中获得成功吧！

15. 临渊羡鱼，不如退而结网

【参考范例】

“临渊羡鱼，不如退而结网。”这句话比喻只有理想和愿望，而没有实际行动，那最后就会一无所获。你站在河塘边，与其急切地期盼着、幻想着鱼儿到

手,还不如回去下功夫结好渔网,这样就不愁得不到鱼。想想也是,羡慕终究是羡慕,鱼是不会自己跳上来的。只有把网织好了,才有抓住鱼的一天。生活中有不少人看到别人事业有成,发了财、买了房,羡慕得不得了,但他们自己却不去努力,只是像守株待兔者一样日夜等待着好运的降临,结果总是什么也得不到。好运是不会降临到坐等者身上的。在目的与手段之间,有明确的目的固然重要,但如果没有实现这一目的的必要手段,目的将是空幻而不切实际的。只有结网捕鱼,才能尝到鱼的美味。

诚然,我们每个人都应该有明确的人生目标、正确的理想信念,但更重要的是要有持之以恒的奋斗精神。要有所行动、有所作为,目标、理想才会离我们越来越近,才有实现的可能。如果没有实际行动,只有愿望,是永远不会成功的。我们常说"天上不会掉馅饼"就是这个意思。由此可见,立志是成功的希望,行动才是成功的可能。

荀子说:"不积跬步,无以至千里;不积小流,无以成江海。"所有有志向、有抱负的朋友们,都应该将自己的理想和愿望化为实际行动,而不是口头上的空谈,这样才会走上成功的道路。这就是"临渊羡鱼,不如退而结网"这句话给我的人生启示。

16. 是金子总是会发光的

【参考范例】

看到尼采的这句话,我想起贾平凹的那篇《丑石》。我喜爱的不仅是作者的生花妙笔,还有丑石所蕴含的那种不甘被埋没的精神。丑石无人喜欢,小孩子讨厌它,大人们咒骂它。然而,正是这块遭人唾骂、在污土和荒草里沉睡了几百年的丑石,却被天文学家认为是块陨石,说它是件了不起的东西。到了这时,人们才对它另眼相看、肃然起敬。这不正是丑石内在的价值折射出的金子般的闪光点吗?由此我想到了人,对人来讲也是一样的:是金子总会发光的。

著名电影舞星佛莱德·艾斯泰尔 1993 年到米高梅电影公司首次试镜后,现场导演给他的评价是:毫无演技,前额微秃,略懂跳舞。然而艾斯泰尔并未因此丧失信心，他将这张写有评语的纸裱起来挂在自己的住宅中，并通过勤奋的努力最终成为一名电影舞星。贝多芬的老师说贝多芬绝不是当作曲家的材料，爱因斯坦的老师曾给爱因斯坦下了“反应迟钝，满脑子不切实际的幻想”的评语，哲学家苏格拉底曾被人贬为“让青年堕落的腐败者”。而今天，为什么他们能受到全世界人民的尊敬和爱戴呢？因为他们有永不服输的志气，有货真价实的学问，有实实在在的贡献。

有人因一时不被重用，发挥不出长处，找不到合适的工作，而抱怨“英雄无用武之地”。其实，暂时的受挫正是对人的意志和信念的考验。在属于自己的土地上辛勤耕耘，总有一天，你勤劳的双手会将自己的生活装扮得五彩缤纷。

偶尔摔倒了，别轻易放弃，勇敢地站起来，相信那句老话：“是金子总是会发光的。”

17. 不幸——人生的试金石

【参考范例】

英格兰作家弗莱彻有句名言：“不幸——人生的试金石。”生活在大千世界中，我们总是不可避免地遇到一些不幸的事。我们不可能天天面对胜利和微笑，那些苦难和挫折总会发生。或许在平坦的道路上有一块大石头，狠狠地绊你一跤；或许在晴空万里时下起倾盆大雨，让你狼狈不堪。面对挫折，有的人只会自怨自艾，不去寻求改变，最终穷困一生；而有的人则选择积极进取，不断努力，最终获得成功。

世界著名的激励大师约翰·库缇斯，出生时双腿畸形，内脏错位，没有肛门，整个人只有可乐罐那么大。童年的他因残疾而历尽屈辱，但他没有向命运屈服，而是用勤奋和毅力获得了澳大利亚残疾人网球比赛的冠军和有正常人参赛的举重亚军，还得到了板球和橄榄球的二级教练证书。但是后来，上天再次捉弄了约翰·库缇斯。他被查出患有癌症，医生告诉他最多只有两年的生命。约翰没有坐以待毙。一年里，他查阅各种资料，四处寻求好的建议，进行积极治疗。几年之后，医生惊奇地发现，约翰还是那么健康。直到现在，约翰已经活了

36年,他没有腿,却已走遍世界190多个国家和地区,成为世界上最著名的残疾人演讲大师,获得了全世界的尊重与赞叹。

美国著名硬汉作家海明威在《老人与海》里有句名言:“一个人可以被消灭,却不能被打败。”苦难并不是羁绊人生脚步的最大障碍,而是迈向成功的垫脚石。只要忽视苦难,成功肯定会在不远处向你招手。不幸是考验人的试金石,而人生,只有通过不断锻造才更显辉煌。

18. 人而无信,不知其可也

【参考范例】

人而无信,不知其可也。这句话出自《论语·为政》,意思是说,一个人如果没有诚信,是不可以的。孔子是非常重视“信”的,把它作为品德修行的四项内容之一,并且也这样严格要求自己。

“信”就是诚信,是做人的基本道德,我认为各行各业都要讲信用。信用不能光挂在口头上,而要落实在行动上。“敦厚之人,始可托大事。”一个不诚实、不讲信誉的人不可能有真正的朋友,也不可能成就真正的事业。一个商人投机欺诈可能赚钱,但不可能长久;一个学者可以口若悬河滔滔不绝,但大家一旦知道他的虚伪,谁会相信那些说教?一个领导者如果自己就言而无信,下级岂能不尔虞我诈?

守信是一个长期坚持的过程。欺诈与蒙骗可能得逞于一时,但最终会被市场淘汰出局。三鹿公司生产的乳制品添加了三聚氰胺,危害了消费者的身体健康,是一种严重的不讲信用的行为,其后果是什么?只能是自取灭亡。

相信别人,是绿色的叶;被人信任,是红色的花;相信自己,是辉煌的果。无叶便无花,所以相信别人,是被人信任、被人支持的前提。无花便无果,大家的信任和支持,是自己干出成绩、获得自信的前提。果使自己充实,花使自己荣耀,叶使自己生机勃勃。人而无信,真是不知其可啊!

19. 学然后知不足

【参考范例】

孔子说:“学然后知不足,教然后知困。知不足,然后能自反也;知困,然后能自强也。”只有通过学习,才能了解自己的不足,知道了自己的不足之处,才能反过来努力学习。我们大都有这样的体会,小时候我们往往把自己当成大人来看,觉得自己学到了很多知识,有时甚至有自傲之心。而随着年龄的增长,我们才发现自己知识的贫乏。学习如同攀登,我们爬得越高,眼界变得越开阔,看到的景象就越多,才知道世界博大无比,才知道自己的渺小。

有句谚语说得好:“鸟美的是羽毛,人美的是知识。”人只有插上知识的翅膀,才能在广阔的天地里翱翔。而知识是学来的,从来没有生而知之,只有学而知之。正如鲁迅先生所说的:“再伟大的天才,生下来的第一声啼哭,也绝不会是一首好诗。”学习对于每一个人来说都是不可少的。古希腊哲学家芝诺用一个圆来比喻人:圆的内部表示自己已掌握的知识,圆的外部表示未知的知识。他说一个人知识越多,这个圆就越大,而圆的周长越大,与未知域的接触也越大。

所以越有才华和学问的人,越知道自己所学之不足。站在高处,才知天外有天,人外有人。不像井底之蛙,只看到井口大的一片天,以为天只有井口大而已,岂不荒谬至极!只有走出来,才能长见识、长学问。学而知之,学然后知不足。

不登高山,不知山之高也;不临深溪,不知地之厚也。学习使人进步,封闭、自足只会让人远离文明和进步。

20. 天行健,君子以自强不息

【参考范例】

“天行健,君子以自强不息。”天道运行刚劲雄健,君子应自觉奋发向上,永不松懈,应该像天宇一样运行不息,即使颠沛流离,也不屈不挠。这句话是阐述强者应当通过不断的努力追求进步,永不停息。

古人说,宝剑锋从磨砺出,梅花香自苦寒来。自强不息是人类社会进步的动力。从自然界中蚕蛹破茧而出的痛楚,到人类历史上勾践卧薪尝胆的苦涩,我们感受到了成功路上的艰辛与磨难,而这也激励着我们在磨难面前激流勇进,争取并珍惜来之不易的甘甜。海尔由面临倒闭到家喻户晓,苹果公司总裁乔布斯由被赶出公司到重新成为CEO,张海迪以非凡的毅力唱响生命的赞歌,这无一不向我们昭示着自强不息的精神魅力。自强不息的精神像一颗火种,播撒到每一个渴望成功的人们心中。它净化了我们的心灵,引导着我们走向更加美好的未来。

人世沉浮如电光石火,盛衰起伏,变幻难测。只有自强不息,才会让自己立于不败之地。自强不息也是一个民族兴旺发达的不竭动力。梁启超先生曾说过:少年强则国强。年少时的周恩来就发奋要为中华之崛起而读书。而我们作为今日之少年,不也应有这份自强不息的执着吗?

21. 不积跬步,无以至千里

【参考范例】

荀子在《劝学》中有这么一句名言:"不积跬步,无以至千里",说的是人们想要达到千里之外的地方,如果没有一小步一小步地坚持走下去,是不可能到达的。是的,所有的成功都不是一蹴而就的,而是一个逐渐累积的过程。走路是如此,学习、工作也是如此。要想在工作中有所成就,就要有锲而不舍的韧劲。

跬步是十分渺小的步伐,千里是较为遥远的路途,它们看似是对立的,但又是统一的。跬步和千里之间并没有一条不可逾越的鸿沟,千里是最终目标,寓于千万个跬步之中。如果一步也不走,那不管过了多久,我们依旧会停留在原地。同样,在学习上,虽然我们每天的进步可能只是一点点,但相信只要我们长期坚持下去,就会日有所增、日有所长,由少变多、由浅入深。有时候,朋友们嘲笑我没有远大的理想,但是我认为,只要我做的每一步计划都能够实现,这些小小的梦想叠加起来就了不得。

江海是由多条小河流到一起才形成的。这告诉我们,做事情要脚踏实地。

如果只想着一口吃成胖子，就会“欲速则不达”了。

22. 君子喻于义，小人喻于利

【参考范例】

孔子曰：君子喻于义，小人喻于利。这句话的意思是说君子通晓的是仁义，小人通晓的是私利。在孔子的思想中，利和义是相对的。见利思义是君子的行为，见利忘义是小人的行为。所以我们行事要合道义。《左传》上说：“多行不义必自毙。”一个人只顾利而不注重义，必然会自取灭亡。品德高尚者只需晓以大义，而品质低劣者只能动之以利害。

在利益面前，各种人的品性会赤裸裸地暴露出来。有的人在对自己有利的事情面前，可以与人称兄道弟，显得亲密无间。可是一旦有损于自己的利益时，就像变了个人似的，什么友谊、感情统统被抛到脑后。比如，在一起工作的同事，平日里大家说笑逗闹，关系融洽。可是到了晋级时，为了达到目的，对上司摆自己之长、揭别人之短，在背后造谣中伤，四处活动，千方百计把别人拉下去，自己爬上来。这种人的内心世界，在利益面前暴露无遗。事过之后，谁还敢和他们交心认友、共同行事呢？

君子行事坚持“义以为质”，所以能做到“不义而富且贵，于我如浮云”。正是由于君子树立起了这样的一个标准，所以能够泰而不骄。而点石成金的国王、冷漠吝啬的葛朗台，这些只在乎钱财的人，都得不到什么好下场。因此，凡事不要太过关注利益，我们的生活才会更加简单幸福。

23. 谁自重，谁就会得到尊重

【参考范例】

“谁自重，谁就会得到尊重。”巴尔扎克的这句话告诉我们：做人要懂得尊重自己，自尊自爱才有资格赢得别人的尊重。“不自重者，取辱。不自长者，取祸。不自满者，受益。不自足者，博闻。”

人必自辱而后人辱之。一个人想得到别人的尊重,就必须先学会如何去尊重自己。在大人物面前感到自卑,是因为你过于仰慕他人的光环,而忽略了自己的价值。在现实生活中,只有认识到自己的价值,才能幸福。

自重,不是自以为是,不是自高自大。自重,需要清醒,需要明智;自重,需要宁静,需要淡泊。自重有时候是俯首含胸,虚怀若谷。自重,还是一种定力,是一种修养。齐白石在教育他的弟子时,曾说过"君子必自重,人始重之"。

24. 少壮不努力,老大徒伤悲

【参考范例】

看到这句话,我不由得想到了那首《长歌行》:"青青园中葵,朝露待日晞。阳春布德泽,万物生光辉。常恐秋节至,焜黄华叶衰。百川东到海,何日复西归?少壮不努力,老大徒伤悲。"自然界的万物有一个春华秋实的过程,人生也有一个少年努力、老有所成的过程。自然界的万物只要有阳光雨露,秋天自能结实,人却不同,没有自身努力是不能成功的。万物经秋变衰,但却实现了生命的价值,因而不足伤悲。人则不然,因"少壮不努力"而老无所成,岂不等于空走世间一趟。最后两句是全诗的结语,它告诉我们人生短暂、韶华易逝,光阴一去不复返,所以应当及早努力,免得老大无成,空余嗟叹。

"少壮"是一个人从少年到青壮年的时段,是人一生中最宝贵的时期。遍观古往今来的成功人士,他们在学业上的追求直到事业上的成功,大多是在这一时期实现的。一个人如果没有好好地利用这段宝贵的时间,实现自己的"雄心壮志",或者为实现自己的"雄心壮志"打下坚实的基础,他就不可能有所作为。试想,人生能有几个二三十年?能有几度青春?

平时的学习生活中,人们也常常会用这句诗来勉励他人努力学习,珍惜少年时代的宝贵时光,有所作为,这样,老了才不会后悔当初。可是,说归说,做归做,事实上,仍然有许多人没有真正理解这句话的含义,白白浪费了许多宝贵时光,等到自己年老的时候,后悔已晚。我们一定要从小吸取前人的教训,不只是停留在口头上或教育别人上,而要自己付诸行动,从现在做起,好好学习、掌握本领,为国家建设贡献自己的一份力量。

25. 三人行必有我师焉

【参考范例】

这句话出自《论语》，意思是说：几个人一起走路，其中必有值得我学习的老师。这表达了一种极为谦虚的学习态度。不管什么人，只要他有一技之长、一得之见，我们就应该虚心向他学习。同时，对于别人的缺点和错误，我们也要引以为戒，不要重犯。每个人都有自己的优势和劣势，我们不应只看到别人的劣势，更应发现别人的优势，并加以学习。

山之所以高，是因为它从不排斥每一块小石头；海之所以阔，是因为它聚集每一滴水。一个人必须善于从平凡的人身上吸取他们的点滴之长，才能进步，才能有所成就。如果一个人一味盯着自己的优点，看不到别人的长处，就会盲目自大，失去宝贵的学习机会，从而给自己的成长和发展带来遗憾。

所以，“三人行必有我师焉”，我们要虚心学习他人，不断提高自己，完善自己。

26. 千里之行始于足下

【参考范例】

《老子》中有一句话：千里之行始于足下。意思是说，走千里的路程，是从迈第一步开始的。事情的成功，是从小到大逐渐积累起来的，要认准方向、朝着理想，努力地走下去。

有人曾说过：“再长的路，一步一步也能走完；再短的路，不迈开双脚，也无法到达。”古往今来，在事业上取得成就的人很多，他们的成就令人敬佩羡慕，但我们更应看到他们在鲜花和掌声背后那坚持不懈的努力和付出。比如“神七”团队，在他们取得我国首次宇航员舱外行走的成功背后，是他们夜以继日的计算和反复多次的试验。

“千里之行始于足下”，在无数成功人士身上得到了印证，在我们身上也同样得到了印证：如果我们不是从蹒跚学步开始，又怎么能行走自如？如果我们不是从最基本的拼音学起,又怎会说出一口流利的普通话?如果我们不是从一笔一画最简单的汉字写起,又怎能写出一篇精美的文章?

我们应当明白,再复杂的机器都是由一个个零件组装起来的,再厚的书也是一个个字写出来的,再高的楼也是由一块块砖砌起来的。急于求成的结果是一事无成。只有从身边小事做起,一步一个脚印,才能取得最后的成功。

对于我们青少年学生来说,成就和荣誉令人羡慕,但是要想使理想变为现实,积累是必不可少的。让我们从现在做起,从点滴做起,一步一个脚印地踏实地朝着远大的目标迈进。

27. 良药苦口利于病,忠言逆耳利于行

【参考范例】

良药苦口利于病,忠言逆耳利于行。这句话的意思是,苦口的药虽然让人难以下咽,但却有利于疾病痊愈,逆耳的话虽然伤人,但却能帮助我们进步。它常用来教育人们要勇于接受批评。因为一个人有了过错并不可怕,只要能及时改正就无大碍,可怕的是讳疾忌医,不愿意接受别人的批评意见,从而由小错到大错,由大错到不可救药。

纵观我国历史,凡是成就突出的人,大都勇于接受批评意见。他们能够从善如流,学习众人的智慧,避免自己的失误。我国古代的历史舞台上就有一幕幕由于不纳忠言而惨遭失败的悲剧。商纣王不听比干劝告,沉迷酒色,导致国破家亡;蔡桓公讳疾忌医,不听神医扁鹊的劝告,当病入膏肓时,只有一死。这些历史故事说明,统治者狂妄自大、不听忠言的结果是国破身亡,个人疑心过重、不纳良言的结果是命丧黄泉。

我们身边还有很多人喜欢"糖衣炮弹"。但我们须知:糖衣炮弹外表虽然甜蜜,但里面的炮弹却可以让我们一无所有甚至失去生命。好听的话人人都爱听,但是只有那些敢于指出我们缺点的人,才是真正对我们好的人。

良药忠言能帮助我们警觉自身的问题,能提醒我们关注即将来临的危险,让我们从善恶不辨中觉醒,从歧路与危险中逃离。因此,我们每个人都应该养成勇于接受不同意见,尤其是批评意见的良好品德。

28. 近朱者赤，近墨者黑

【参考范例】

孟子用“近朱者赤，近墨者黑”这句话说明周围环境对人的影响的重要性：和什么样的人在一起，就会有什么样的人生。和勤奋的人在一起，你不会懒惰；和积极的人在一起，你不会消沉；和聪明的人在一起，你才会更加睿智；和优秀的人在一起，你才会出类拔萃。

生活中最不幸的是：由于你身边缺乏有进取心和远见卓识的人，而使自己的人生变得平庸、黯然失色。有句话说得好，你是谁并不重要，重要的是你和谁在一起。雄鹰在鸡窝里长大，就会失去飞翔的本领，又怎能搏击长空、翱翔蓝天？野狼在羊群里成长，也会丧失狼性，又怎能勇猛善战、驰骋大地？

如果你想像雄鹰一样翱翔天空，那你就要和群鹰一起飞翔，而不要与燕子为伍。如果你想像野狼一样驰骋大地，那就要和狼群一起奔跑，而不能与羊同行。正所谓“画眉麻雀不同嗓，金鸡乌鸦不同窝”，这也许就是潜移默化的力量和耳濡目染的作用。

人生就是这样。自己想要获得成功，就要亲近有所成就的人士，发现他的优点，并将其转化成自己的长处。学最好的别人，做最好的自己。借人之智，成就自己，这才是成功之道。

29. 有志者事竟成

【参考范例】

我们常常说：有志者事竟成。的确，成功之路都是充满坎坷，只有靠自己顽强的意志，才能到达光辉的顶点。

有这么一个故事：有个人在大海中翻了船，只能靠一块木板漂浮在水上。他每天就抓活鱼吃、喝海水，坚持了两个月，终于被海岸巡逻队发现，并救上了岸。这是个平凡人的传奇故事，他靠自己的意志赢得了生存的机会。但有些人对自己没有信心，最终失败，遗憾终生。

一个人能否成功,有没有意志力十分重要。倘若在别人灰心沮丧、精神不振的时候,他斗志昂扬;在别人因困难而放弃时,他却坚持不懈、持之以恒;在别人止步不前、摇摆不定时,他积极进取、勇于拼搏;在别人松懈懒惰、无精打采时,他全力以赴、不找借口。那么,前者将一事无成,后者则会获得成功。有志者才能不被困难打垮,才能获得成功。

有一句俗语说得好,能登上金字塔的生物只有两种:鹰和蜗牛。虽然我们不能人人都像雄鹰一样一飞冲天,但我们至少可以像蜗牛那样凭着自己的耐力默默前行。有志者事竟成,破釜沉舟,百二秦关终属楚;苦心人天不负,卧薪尝胆,三千越甲可吞吴。即使失败了,我们的人生也会因这一路的风雨兼程而变得更加精彩。

30. 己所不欲,勿施于人

【参考范例】

己所不欲,勿施于人。这句话说出了做人做事的原则:自己不喜欢做的事情,也不要勉强别人去做。推而广之,自己希望怎样生活,就应该理解别人也会希望怎样生活;自己不愿意别人怎样对待自己,就不要那样对待别人;自己不希望在社会上受阻,那就也不要去为难别人。总之,从自己的内心出发,理解他人,宽容地对待他人。

我很推崇这句古语。人应该有宽广的胸怀,倘若自己所讨厌的事物,硬推给他人,不仅会破坏与他人的关系,也会将事情弄得僵持而不可收拾。比如说,在我们平时的生活中,最不愿意的就是被人议论,但是我们自己能做到不背后议论别人吗?事实上只有自己做到了这一点,才能要求别人也这么对待自己。诚然,我们可以非公平地对待其他人,但这种非公平的态度,将会使我们自食其果。

当然,己所不欲,勿施于人,相信只要大家克制一点都能做到。不过就算是己所欲,也要看看是否适合别人,再决定是否施于人。因为己所欲是指自己喜欢的东西。依照每个人的心理特点,自己喜欢的东西自己会认为是好东西,既然是好东西,那把它拿出来与别人分享难道有什么错吗?但是我们喜欢的东西不一定每个人都喜欢。

己所不欲，勿施于人；己所欲也不强施于人。如果我们都能够做到这一点，那么这个世界将会更加和谐美好。

31. 满招损，谦受益

【参考范例】

“满招损，谦受益”是说骄傲自满招致损害，谦逊虚心得到益处。谦虚谨慎是我们中华民族的传统美德。在我们成长的过程中，不论取得多大的成绩，都要做到不骄傲自满，虚心听取别人的意见，不断努力，逐渐完善自己，才能使自己不断进步。

然而，尽管大多数人都明白这个道理，却不能付诸行动。在取得一定成绩后，很多人会被成绩冲昏头脑，骄傲起来，以至于栽了跟头。历史上的许多事实就证明了这句话的正确性。唐太宗李世民年轻时能虚心听取大臣的意见，把国家治理得很好，出现了“贞观之治”的太平盛世。但到了晚年，他骄傲自满起来，在攻打高丽时惨遭失败。唐玄宗李隆基刚登基时也是英明有为，但他在政治、经济等方面取得成绩后便沉溺于享乐之中，导致了“安史之乱”，唐朝就此衰落。我们在学习上也是如此，有同学常常会因为一次考试取得好成绩而沾沾自喜，上课不认真听讲，结果在下次考试中一败涂地。

骄傲自满会阻碍我们的进步，谦虚谨慎有利于个人正确认识自己，进而求得自身的发展和完善，取得事业的成功。屈原说过：“尺有所短，寸有所长，物有所足，智有所不明。”只有正确认识自己、虚心好学，才能不断进步，发展自己，成就自己。

32. 天下兴亡，匹夫有责

【参考范例】

革命家顾炎武说：“天下兴亡，匹夫有责。”正是这句名言，三百多年来不知道鼓舞了多少有识之士和热血青年，为解救民族危机、振兴中华而奋斗。

宋代，精忠报国的岳飞将军，心中只有国家的危亡，而将自己的生死置之度外，至死也不忘“待从头、收拾旧山河”。近代，当帝国主义的铁蹄踏入中华大地时，更有许许多多的革命先驱为了保卫祖国、振兴中华前仆后继，抛头颅、洒热血……

“天下兴亡，匹夫有责”，并不是一句空洞的口号，每个人都要为民族的振兴、国家的建设尽一份力。有一位伟人曾说过：“不要问国家能给你什么，要问你为国家做了什么。”一个人只有有了责任心，才能心中有祖国，为祖国作贡献。假如一个人毫无责任心，就会无所作为，更不用提为国家贡献力量了。

有人认为自己太过渺小，无法为国家作贡献。其实，我们能做的很多。比如现在一些人崇洋媚外，遗忘了我们中华民族的传统美德，那我们把这些传统美德加以发扬也是一种贡献。作为中学生，我们努力学习科学文化知识，也是对祖国的贡献。相信有一天，我们一定能用自己的努力为祖国献上一份满意的答卷。

33. 凡事预则立，不预则废

【参考范例】

《礼记·中庸》中有这样一句话：“凡事预则立，不预则废。”意思是说，要想成就一件事，必须要有明确的目标，认真地去准备和周密地去安排。没有准备的盲目行动，虽忙忙碌碌却一事无成。的确，凡事做足准备，往往能占据主动，也更容易取得成功。否则，事发突然，或计划赶不上变化，往往让人手忙脚乱、穷于应付，甚至连可以避免的失误都避免不了，处处陷于被动之中。

我们平时的工作和学习也是一样，要有计划，并且一定要按计划完成。因为“预”是成功的基础，不“预”则是失败的根源。司马迁游历全国，博览群书，才有了《史记》；李时珍遍尝百草，疗疾无数，才有了《本草纲目》。每个人都欣赏成功、羡慕辉煌，但人们往往只看到那成功时耀眼而灿烂的光环，却忽略了这绚丽色彩背后付出的努力。那利剑出鞘的辉煌一瞬，那球门前的凌空一脚，那登上最高峰“一览众山小”的豪迈身姿，那金榜题名的灿烂笑脸，都是十年磨一剑的深厚积淀。

在这短暂的一生中，我们应时刻准备着，把握自己、把握现在、把握未来。因为没有准备就没有成功，只有实实在在地付出，才有真真切切的收获。

34. 不怕百战失利，就怕灰心丧气

【参考范例】

我们常说，失败乃成功之母。一个人的成长历程如果一直顺风顺水，从未经历过失败痛苦的磨砺，那么当他遇到挫折时，他很可能会一蹶不振，因为这些人往往缺乏失败之后再站起来的勇气。要知道，任何事情都是“不怕百战失利，就怕灰心丧气”。

有一个小故事说，有一个步行的人，走路时不小心摔了一跤，他爬了起来，可是没走几步，又摔了一跤，于是他便趴在地上不再起来了。有人问他：“你怎么不爬起来继续走呢？”那人说：“既然爬起来还会跌倒，我干吗还要起来，不如就这样趴着，就不会再被摔了。”这种摔了几次就不敢再起来继续往前走的人，永远也无法到达目的地。

我还想到了一种叫作“不倒翁”的玩具。“不倒翁”的重心在下面，所以无论你怎么推它，只要一松手，它立刻又会直立起来，因此，它永远都不会倒下。人生正是这样，只有不断地经受磨难，人才能变得更坚强。爱迪生发明电灯，试验失败了上万次，终于找到了可以做灯丝的钨。别人问他，失败了那么多次，没想过放弃吗？他说，我的每一次失败只是说明那种材料不适合做灯丝，告诉我要寻找别的材料，所以最终我找到了适合做灯丝的钨。

因此，不管做什么事情，我们都要抱有坚定的信念，持之以恒地努力奋斗下去，要有“天行健，君子以自强不息”的奋斗精神。特别是在失败后或在逆境之中，不要自暴自弃，被失败压倒。要冷静下来，仔细想想自身的潜力和长处，树立坚定的生活信念，振奋精神，继续拼搏。“天生我材必有用，千金散尽还复来。”要相信自己一定会到达成功的彼岸。

35. 一分耕耘,一分收获

【参考范例】

一分耕耘,一分收获,比喻付出一分辛劳就会得到一分收益。天底下没有免费的午餐,天上也不会掉下馅饼来。人生在世,想要有所收获就一定得付出辛劳。有的时候,人们总是在想:我能得到多少?而很少有人会想:我做了多少?请不要嫉妒别人的幸运和成功,你应该仔细想一想你有没有努力。

俗话说:台上一分钟,台下十年功。杂技演员苦练数十年才赢得观众的热烈掌声,知名画家需要从小艰苦练习,赛场上奋勇夺金的运动员们更是付出了无数的辛劳和汗水……正如农民伯伯种田一样,要有辛勤的浇灌,才能结出果实。

很多人觉得努力了也不一定会有收获,就像田里的庄稼有可能遭遇旱灾水涝一样。但是,如果不去耕耘,即便是风调雨顺的大好年景,也只会颗粒无收。请相信,有一分耕耘才有一分收获。只有付出了劳动,才能体会到收获的甜蜜。

36. 欲速则不达

【参考范例】

孔子曰:"欲速则不达。"这句话让我想起一个小故事:天色渐晚,一个卖橘子的小贩想赶在城门关上之前赶回城里。小贩问一位路人,他要什么时候才能抵达城门。路人回答说:"如果你慢慢走,关门之前能到达。如果你走得很快,就到不了了。"小贩感到很奇怪,没有领会路人的话,开始快速赶路,却又走得太急,打翻了橘子,不得不停下来捡拾满地的橘子,最终没能在关城门前到达。究其原因,是因为小贩一心想着赶快到达,以至于自乱阵脚。可见,急于求成、心态浮躁,会把最简单的小事办糟,何况富有挑战性的大事呢?

越王勾践受了多年凌辱,为了灭吴,他不断提升自己,等待最佳时机。试想如果他急于报仇,那最终被灭的恐怕就不是吴国了。

欲速则不达，急于求成会导致最终的失败。做人做事都应眼光长久，注重积累。厚积薄发，自然会水到渠成，达成自己的目标。

37. 工欲善其事，必先利其器

【参考范例】

这句话的意思是说，要想把工作完成，做得完善，应该先把工具准备好。这告诉我们，做事必须有一个周全的计划，做好准备工作，才能取得成功。

俗话说，磨刀不误砍柴工。虽然事先的准备工作会花一些时间，但是准备工作做好了，往往能起到事半功倍的效果。比如，我们在做任何事情的时候，都要事先计划，合理的规划有助于我们解决问题，特别是突发的紧急情况。周全的计划不仅可以预测将会出现的问题，也会使我们在问题突然出现时，不至于束手无策。因此，无论做任何事，都不能操之过急，做好了准备工作，打好了基础，有益于后续工作的具体实施。

现实生活中经常有这种情况，相似的年龄、相同的智商，学习效果却因人而异。有的学生学得轻松愉快，成绩突出；有的学生则学得十分吃力，成绩平平。这在很大程度上就是是否“利其器”的问题。因此，我们在学习过程中要注意掌握正确、科学、有效的学习方法，这样才能获取打开知识宝库的金钥匙。

38. 金无足赤，人无完人

【参考范例】

“金无足赤，人无完人”，这几乎是家喻户晓的格言。世界上没有一个人是完美的，每个人都有不同的缺点。黄金没有百分之百的纯度，总会有一点杂质。没有瑕疵的事物是不存在的，因此凡事都要留有余地，不要求全责备。

每一个人都有认识的局限，谁都不敢保证自己的知识是最全面的；每一个人都有失误的时候，谁都不敢保证自己是永远的成功者；每一个人都有缺点，谁也不敢保证自己是最完美的。因此，认识自我，不仅要认识到自己的优势和潜力，还要认识到自己的缺点和错误。常言道：“当局者迷，旁观者清。”人很难认识到自己性格中有缺陷的一面,我们不能以己之长度他人之短。

一个再高明的军事家,也不可能成为常胜将军;一个再高明的医生,也不可能料病如神。世界上没有全是优点的人,也没有全是缺点的人。金无足赤,人无完人。正视自己的长处和短处,取他人之长补己之短,把自己的优点发挥到极致,我们将会拥有精彩的人生。

39. 酒香不怕巷子深

【参考范例】

酒香不怕巷子深,这是一句流传千年的民间俗语。意思是如果酒酿得好,就是在很深的巷子里,也会有人闻香知味、前来品尝。

这句话对人同样适用。好的东西是不怕被隐藏的,相反时间会让它为成功做更充分的准备。从达尔文进化论的提出,到爱因斯坦相对论的问世,虽然有宗教势力的迫害、统治阶级的阻挠、社会舆论的不支持,但真理却在阻碍中前进、在挑战中成长,最终为世人所接受。这些鲜活的例子都证明酒香不怕巷子深的道理。当然,也许我们的才华可能因为没人赏识而暂时被埋没,但如果我们自己坚持不懈地努力,让自己一点一点闪光,那么璀璨的光辉一定能够照射到人们的眼中。

我们身边肯定有这样的例子:一个小餐馆开在偏僻的地方,但生意仍然很好,甚至有人慕名而来。为什么呢?因为它有获得好口碑的拿手菜,是金子放在任何地方总会放射光芒。

我们在学习和生活中也是如此。只要我们加强自身修养,提高自己的素质,品学兼优,那么,无论外界的阻碍有多大,我们也会凭着自己的能力获得成功。巷子深,并不可怕,只要我们是"好酒"。

40. 世上无难事,只怕有心人

【参考范例】

我们经常说:"世上无难事。只怕有心人。"是啊,如果我们有志向、有毅力,那么世上没有什么所谓的难事。

我们应该都听过“铁杵磨成针”的故事吧。唐朝大诗人李白小时候不喜欢读书，很贪玩。有一天，他在河边碰见一位老奶奶磨铁杵，于是便问她在做什么。老奶奶答道：“我要将铁杵磨成针。”李白惊讶地说：“那怎么可能呢？铁杵怎么可能被磨成针呢？”老奶奶回答说：“只要功夫真，铁杵磨成针。”李白听了老奶奶的话，明白只要有心，再难的事也有可能做成。从此，他便勤奋读书，成为一代诗人，被尊称为诗仙。由此可见，天下无难事，只怕有心人。

近代微生物学的奠基人路易·巴斯德是19世纪最有成就的科学家之一。由他研制的霍乱疫苗、狂犬病疫苗，引起了医学实践的重大变革。但在巨大成功的背后，巴斯德所付出的艰辛劳动却是难以形容的。1865年，他的父亲逝世，女儿夭折，儿子在战争中饱受苦难，但他仍然坚持每天工作18个小时以上。1868年10月，巴斯德突发脑出血，以致半身不遂，但他仍念念不忘自己的研究，病情一有好转，就立即投入工作。正是因为巴斯德的执着精神，才为后人留下了一笔宝贵的财富。

总之，要成就一番伟大的事业，必须有执着的精神。世界上肯下决心的人比比皆是，但是能将决心付诸行动的人却不是很多，而能将行动坚持下来的人就寥寥无几了。因此，想要有所收获，我们就要牢记这句话：“天下无难事，只怕有心人。”

41. 天生我材必有用

【参考范例】

“天生我材必有用，千金散尽还复来。”这是生性奔放的李白在屡遭挫折后发出的一声感叹。这其中包含的不是悲观失望，而是对个人价值的充分肯定，这声感叹洋溢着自信和狂傲。人来到这世界上，都会有自己的独特之处，都有存在的价值。因此在面对挫折困难时，我们不要对自己失去信心，要怀着自信坚定地走下去，继续发挥自己的特长，相信每个人在世界上都是独一无二的，都是别人无法取代的。

自古以来,那些在事业上成功的人士有谁不是充分了解自己的才能,并努力去实现它呢?达尔文的父母希望儿子成为神父,而达尔文热衷于生物,他坚持自己的理想,写下了不朽的名著《进化论》。如果他听从父母之命,又将是怎样的结局呢?每一个人都应找到适合自己的位置,相信大千世界一定有自己的用武之地。

生命是一条无尽的河。即使只是一株小草,也会为大自然增添一道风景;即使只是一滴水,也会为大海贡献一份力量;即使是一个平凡人,也可以牵引一位需要帮助的老人过马路……我们即使平凡得不能再平凡,也不能轻视自己,不能自甘平庸。

同时,我们每个人都应当对自己有一个正确的估量,既要相信"天生我材必有用",真正认识自己的价值所在,也不能好高骛远、志大才疏,要充分认识自己的不足,不断改正,不断向着人生的目标前进。

42. 种瓜得瓜,种豆得豆

【参考范例】

种瓜得瓜,种豆得豆。从生物学的角度看,这句话说的是大家再熟知不过的现象,种什么收什么;从哲学的角度看,事物是普遍联系的,有什么因就有什么果,反之,有什么结果,一定有其原因。要想收获先得耕耘,付出汗水必有收成。

如果你满怀爱心地看待世界,那世界回报你的也是爱;反之,如果你选择钩心斗角、自私自利,那么就很难有知心朋友。记得小时候听过一个关于回声的故事:一个小孩子站在山谷里,当他对着山谷笑的时候,山谷也会对着他笑;当他对着山谷骂的时候,山谷同样也会骂回来。

种瓜得瓜,种豆得豆。如果我们努力学习,总有一天会取得好成绩;同理,如果认真工作,也总会有好的收获。因此,当我们想要获得什么的时候,需要认真思考一下先要播种什么。

43. 读书破万卷,下笔如有神

【参考范例】

“读书破万卷,下笔如有神”,是唐代大诗人杜甫的名句,意思是说要博览群书,才能才思泉涌。它道出了无数文学大家的成功秘诀。

汉代著名思想家王充说:“人不博览者,不闻古今,不见事类,不知然否,犹目盲耳聋鼻痈者也。”古今中外,任何一个有杰出成就的学者大家,无一不是勤奋好学、博览群书的人。王充本人一生读书近一万三千卷,“博通众流百家之言”,所以他才能写出《论衡》这部伟大的著作。

希腊哲学家苏格拉底说过:“真正高明的人,就是能够借助别人的智慧,来使自己不受别人的蒙蔽。”古人也云:“操千曲而后晓声,观千剑而后识器。”初学手艺的人都要从一锤一凿、一刀一剪开始照着师傅做,自己做得多了才会熟能生巧,有所创新。作文也是如此。只有书读多了,笔下才会顺畅,所谓“熟读唐诗三百首,不会作诗也会吟。”

其实,不止写文章需要多读书,我们做任何事情都是这样,需要不断练习,不断积累经验。只有知识和经验多了,才能避免走错路、弯路。

44. 兼听则明,偏信则暗

【参考范例】

“兼听则明,偏信则暗”这句话出自《资治通鉴》,它的意思是说要广泛地听取多方面的意见,才能明白事情的真相,做出正确的判断,只听信一方面的意见就会不了解真相,导致得出错误的结论。这告诫人们办事要广泛听取意见,不要只听信一人。

关于这句格言,有一个历史故事。唐太宗时宰相魏徵是一位著名的政治家,以劝谏有方而闻名天下。一次,唐太宗问他:“我作为一国之主,怎样做才能明辨是非、不受蒙蔽而少犯错误呢?”魏徵回答说:“作为国君,只听一面之词,就一定会糊里糊涂,常常会做出错误的判断。只有广泛听取意见,采纳正确的主张，大臣们才不敢欺骗。”接着，魏徵又列举了历史上的教训。从此，唐太宗便很注意听取大臣的谏言，鼓励大臣们进谏，于是便有了“贞观之治”的盛世。这就是“兼听则明，偏信则暗”的由来。

前面的故事讲的是治国的道理，它同样也可用于我们的学习和生活中。兼听能够避免主观片面性，偏信容易受到蒙蔽欺骗。只有兼听才能集思广益，把各种意见吸收进来，归纳分析，从而分辨是非。学习中，我们要善于分析，不能一味地相信他人说的话，要有自己的见地和思想；而在生活中，我们也不能因为一些人的意见就断然对别的人或事产生偏见，要从不同的侧面、不同的角度观察、思考各种问题。总之，“兼听则明，偏信则暗”，是我们应该时刻谨记的原则。

45. 士不可以不弘毅，任重而道远

【参考范例】

“士不可以不弘毅，任重而道远”是《论语・泰伯章》中曾子说的一句话，原文是“士不可以不弘毅，任重而道远。仁以为己任，不亦重乎？死而后已，不亦远乎？”意思是说，作为一个君子，必须要有宽广的胸怀、坚韧的品质，因为自己责任重大，道路遥远。习近平总书记曾向全国各族青年和学生说道：“士不可以不弘毅，任重而道远。”国家的前途、民族的命运、人民的幸福，是当代中国青年必须承担的重任。

“士不可以不弘毅”这句话是对青年学子最好的勉励。一方面，广大学子要储备丰富的知识，培养高贵的品性，构建精彩的人生，做一个有担当、有责任、有志气的有为青年。另一方面，“任重而道远”是对青年学子在艰苦的行进路途上，意志是否坚定，品格是否高尚的拷问和鞭策。

今天的青年人，就是明天的社会主体；今天的学子们，就是明天的国家栋梁。因此，广大青年学子要时刻谨记“士不可以不弘毅，任重而道远”这句话。

46. 水至清则无鱼，人至察则无徒

【参考范例】

“水至清则无鱼，人至察则无徒”意思是说，河水太清澈，鱼儿就无法生存；一个人太苛刻，就很难交到朋友。这句话体现了一种辩证的思想，一方面，水质清澈，鱼儿才不会窒息；另一方面，如果水质太清澈了，连水藻都无法生存，鱼儿也就没有食物可吃了，所以说“水至清则无鱼”。

我们做人也一样。人与人之间的交往不能没有原则，但是在交往中也不能对他人要求太过严苛，否则就会被孤立起来，很难交道朋友。

有这样一个故事对我启发很大。古代有位禅师，一天晚上在禅院里散步，见墙角有把椅子，便知有出家人违反寺规越墙出门了。老禅师没有声张，而是走到墙边，移开椅子，就地而蹲。过了一会，果见一小和尚翻墙而入，黑暗中踩着老禅师的背脊跳进了院子。当他双脚着地时，才发觉刚才踩的竟然是自己的师父。小和尚顿时惊慌失措，但出乎意料的是，老禅师并没有厉声责备他，只是以平静的语调说：夜深天凉，快回去多穿一件衣服。从此，小和尚再也没有私自出过门。

由此可见，一个人的心能包容一个家庭，就能成为一家之主；能包容一个城市，就能成为一市之长；能包容一个国家，就能成为一国领袖。在现实生活中，几乎每个成功人士都有容人之量，因此，能交到各个层面的朋友，获得事业上的成功。

47. 吃得苦中苦，方为人上人

【参考范例】

古人云：“吃得苦中苦，方为人上人”，对于这句话，很多人都会理解为只有历经千辛万苦，才能功成名就，成为受别人尊敬、爱戴的人。所以有人认为这是封建主义的思想观念，是不正确的，应该受到批判。但是我认为，这句话用在现代社会中丝毫不过时。

首先,我们要客观理解这句话,“吃得苦中苦”是向我们传达了中华民族倡导的传统美德,即坚韧勇敢、吃苦耐劳,暗含着对不劳而获、投机取巧的批判。我们每个人都有自己追求的理想和目标,要想达成所愿,敢于吃苦是基础和前提。孟子曾经说过:“天将降大任于斯人也,必先苦其心志,劳其筋骨,饿其体肤,空乏其身,行拂乱其所为,所以动心忍性,增益其所不能。”所以说,我们要想获得成功,首先要学会吃苦。吃了很多苦不一定能立刻成功,不吃苦是永远都不能够成功的。

其次,我们要对“人上人”有一个正确的理解。所谓“人上人”并不是那种骑在别人头上作威作福的人,而是指吃的苦和经历的困难都比别人多的人,这样的人人生阅历比较丰富,性格比较开朗豁达,眼光更长远,做事全面周到,从而成为令别人仰慕的人。

最后,我们要正确理解“吃得苦中苦,方为人上人”这句话,以此来鞭策和激励自己,做好吃苦受累的思想准备,向着自己的理想和目标奋斗。

第四章　学习生活类

1. 中学生应不应该带手机上学

【参考范例】

如今,中学生使用手机的现象越来越普遍。手机已经成为学生影响教学秩序、考试作弊的主要工具之一。一些学校制定了一些规则,或者下达“封杀令”,禁止学生在校内使用手机,更不能将其带进考场。我认为这是有必要的。

首先,在我国目前的教育体制下,中学生一天上七八节课,再加上早晚自习,学习时间被排得满满的,没有多少时间拨打或接听手机。同时,在这些时间段内,学生们的同学、朋友也大多在上课,又有多少“业务”需要联系呢?如果家长有紧急事情需要联系孩子,把电话打到老师办公室,请老师代为转达一下,是完全可以的。而学生想和外界联系,宿舍里、校园内的磁卡电话,使用都十分方便。所以,对于活动范围相对稳定、交往圈子相对狭窄的中学生来说,手机不是十分必要的。

其次,尽管手机为中学生的学习、生活带来了一些便利,但也由此形成了不好的风气。好多中学生将其视为炫耀的资本、身份的象征,这种风气一旦形成,对学风、班风、校风都会造成很不好的影响。至于有些学生试图考试时发短信互传答案,那后果就更加严重了。

最后,如果没有必要,中学生完全不用买手机,而应该少一些纷扰、多一份沉静，把买手机、交话费的钱，用来多买几本好书，在知识的海洋里遨游。

2. 怎样看待重庆一小学生帮同学写作业赚钱这件事

【参考范例】

经常听见很多妈妈这样说："好好读书，将来挣大钱。"这本来是一句鼓励孩子的话，没想到现在竟然成为一些学生赚钱的"理由"，他们以帮同学写作业来赚取零用钱，这种现象在社会上引起了热议。我认为这样做是不合适的。

帮同学做作业收钱，从市场角度看似乎无可厚非，周瑜打黄盖，一个愿打一个愿挨。但是从学生成长的角度讲，却是十分不利的。在各种人际关系中，同学间的友情最纯真，同学间互相帮助也是应该的。而一涉及"有偿"，"帮助"就会变了味，比如在考试时帮同学作弊、平时帮同学写作业，甚至在评选"三好学生"时拉选票等。

"有偿帮助"有四大坏处：一是同学间的有偿帮助容易形成有钱可以使唤别人、没钱只能受人使唤的风气。长此以往，孩子们纯洁的心灵会被扭曲。二是会失去同学间团结友爱、互相帮助的友谊。如果帮助人是为了得到报酬，那么受帮助的人便会心安理得，同学间纯真的关系会变成赤裸裸的"金钱"关系。三是不利于养成学生自立、自尊、热爱劳动的习惯。从小就开始拿钱雇同学做作业，成人后将如何自处？第四点也是最为重要的一点是，孩子从小就用金钱衡量人与人之间的关系，在成长过程中会慢慢失去人性中美好的东西，如同情心、怜悯心、恻隐心等，会变得冷漠无情，对社会缺乏必要的责任感，对他人缺乏必要的同情心，使整个社会陷入严重的道德危机。

所以，我认为帮同学写作业赚钱这种事情应该禁止。

3. 中学生打工是利还是弊

【参考范例】

中学生打工是一个很时尚的话题，关于其利大还是弊大的讨论也是仁者见仁，智者见智。我认为，打工对中学生是有益的，我赞成中学生在课余时间打工。

中学生固然应当以学习为重，但是社会也是一间教室。培根说："知识本身并没有告诉人怎样运用，运用的智慧在于书本之外。"打工可以让中学生增强实践能力，增加人生阅历。这样的学习，对于书本理论的学习也是一种促进。

打工的过程中，中学生要跟各种人打交道。这就使中学生不得不思考如何看待社会上的问题，怎样处理好人际关系，等等。

当然打工也不总是好事，会产生一定的负面效应。比如某些中学生打工的目的只是为了赚钱，耽误了学业；有些学生急功近利，累坏了身体；更有些学生在打工过程中上当受骗，受到了伤害。但是，这毕竟只是少数，我们不能因此就对中学生打工一概否认，而是应该给予他们更多的指导和帮助。

社会是复杂而残酷的，适者生存。每一位中学生将来都要融入社会，而学校与社会是有差距的。要在社会中生存，必须要适应社会。在中学生能力范围之内打工，是一个很好的接触社会的途径。因此，我认为，只要目的明确，准备充分，加强警惕，在不影响学习的情况下，中学生可以适当地打工。

4. 中学生是否应该追求时尚

【参考范例】

中学生正处于成长的关键期，每个人都具有很强的可塑性。他们接受能力很强，喜欢快节奏，不喜欢平淡。这些特点促使中学生对"时尚"较为敏感。我不否认中学生追求时尚有一定的好处，但从现实以及长远角度考虑，我认为中学生还是不应追求时尚的。

一方面，中学生有自己的社会形象和学校规范，不是社会流行什么，就要随意追求什么。中学生的时尚追求受社会和学校双重规范制约。比如，化妆、染发、早恋等虽然在社会上盛行，但中学生就不应热衷此道。而且，学生追求时尚会对学习成绩有影响，使他们分散学习精力。中学生应该以学业为主，而不能把过多的精力分散在与学业无关的事情上。

另一方面，由于我们还没有经济能力，过分追求时尚会加重父母的负担。中学生处于生理和心理发展尚未成熟的阶段，自制力较弱。盲目追求时尚，既有碍于自己的形象，也不利于培养自己的健康个性。而利用父母对自己的爱护来满足自己的虚荣心，则更是不应该的。

总而言之，无论从哪方面来看，中学生都不应该追求时尚，请大家不要被时尚迷惑，掉进“时尚的漩涡”中。

5. 怎样看待中学生早恋的问题

【参考范例】

现代中学生早恋变得越来越严重，比例愈来愈大，年龄呈愈来愈小的趋势，并且有表现愈来愈公开的势头。

中学生早恋的原因有很多，从生理方面看，现在的孩子发育较快，更加早熟。从心理方面看，青少年进入青春期后，容易对异性产生爱慕和追求的心理，再加上缺乏分析判断能力和自我克制能力不强，因此，如果这个时期得不到家长和教师的引导，那么中学生就容易产生早恋现象。

早恋现象的出现，离不开社会、家庭因素，更离不开学生心理和思想的因素。因此，解决学生早恋问题应从心理、思想入手，要做好预防和疏导。预防应从以下几方面着手：第一，做好中学生的青春期教育；第二，加强青春、理想、前途教育和法制教育；第三，培养学生健康、高尚的情操；第四，树立严肃活泼、积极向上的校风。针对中学生早恋问题，首先要求摸清情况，然后具体问题具体对待，用正确的方法进行引导，切忌粗暴压制。

虽然早恋很难处理，但学校和家长也不能“谈虎变色”。青春期的孩子敏感而脆弱，学校和家长要相互配合，对学生以诚相待，中学生早恋的问题是会得到妥善解决的。

6. 你怎样看待高中生的心理健康问题

【参考范例】

随着我国经济文化的发展和教育事业的进步，素质教育在中小学中深入开展。中小学生心理健康问题被逐步提上日程。

中小学生的心理健康问题主要表现为自我失控，心理承受力弱，意志薄弱，缺乏自信，注意力不集中，抗压能力差，并在行为上出现打架、考试作弊、厌学，严重的会出现自伤或伤人等现象。

这些问题在高中生中表现得尤为突出，究其原因有以下几点：第一，高中生自身成长的原因。高中生生理和心理都处于成长发育的过程之中，升学等各方面的压力又比较大，其辨别是非的能力和自我调节能力较弱。第二，社会的负面影响。社会上所存在的消极颓废的因素易影响高中生，使之产生疑虑、困惑和无奈等心理障碍。第三，家庭原因。一些家长以极为功利的价值取向设计、塑造子女，严重忽视了孩子的个性心理特征和健康发展。

为了预防心理健康问题的出现，作为高中生，我们平时要注意减轻学习压力，制订学习计划，合理利用时间，注意劳逸结合，学会科学用脑。同时也要强化心理素质的训练，培养良好的品德，增强竞争意识和自信心，这样在遭受挫折时不至于茫然无措、心理失衡。

高中生的心理健康问题并不可怕，只要平时做好预防工作，并对已出现的问题进行合理的引导，就能将心理健康问题带来的伤害降到最低。

7. 谈谈你对家长给孩子物质奖励现象的看法

【参考范例】

我并不赞同用物质奖励孩子的做法。奖品固然能够强化孩子的某种良性行为，但是也存在孩子只对奖品本身感兴趣，而缺乏对被奖行为感兴趣的现象。比如孩子只对金钱等奖励的物品感兴趣，而对学习本身没有兴趣。

一个人除物质需求外，还有被人尊重、被人爱、被社会认可、被人理解等多方面的精神需求。因此，家长在选择激励方式的时候，不妨多给孩子一些精神鼓励。当孩子开始学习走路的时候，绝不会有家长对孩子说：孩子，如果你现在能走上十步不摔倒，我给你十元钱。这个时候，每位家长都会为孩子高呼“加油”，拍手叫好，这时每位家长都是优秀的激励大师。然而孩子长大了，家长却忘记了为孩子喊“加油”，为孩子拍手叫好了。

因此，我认为家长应根据孩子的生理和心理发展特点，不断创新激励方式，不要单纯在物质方面进行奖励，要多重视精神方面的鼓励。一个满意的微笑、一个赏识的眼神，就有可能让孩子铭记一辈子。

同时,家长还可以引导孩子树立正确的学习目标,给孩子一种学习的动力、一种向上的鞭策力。可以奖励孩子一两本新书或学习用具之类,不要让孩子单纯地将物质因素作为学习动力。

8. 谈谈你对学生之间相互攀比现象的看法

【参考范例】

随着社会经济的发展,人们的生活水平在不断提高,中小学生的生活、学习条件也越来越好,很多学生开始在衣、食、住、行等方面盲目地讲起名牌、比起档次来,由此兴起了一股攀比之风。

校园流行的攀比之风是股不正之风 ,它与比学习、比勤奋、比文化素质的风气背道而驰。学生的主要任务是学习,主要精力应该放在努力提高自己的文化素质上。刻苦攻读、奋力拼搏,这才是中学生理应追求的东西。攀比吃喝玩乐、穿着打扮只会分散精力,耽误时间。对家庭经济较困难的学生来说,物质攀比还会给他们造成很大的心理压力。有的学生选择回避,游离于群体之外,产生了心理问题;有的学生为了满足虚荣心,可能会采取不正当的手段获取物质条件,甚至会走上犯罪的道路。种种事实表明,学生如果热衷于物质攀比,是有百害而无一利的。

所以,对学生的盲目攀比现象要“因势利导”。攀比之心,人人都有,要引导学生把攀比的能量发挥到学习上,而不是集中在物质上。如果能够在校园里营造“个个有目标、人人争上游”的良好风气,学生学习的潜能就会被激发出来。

“国之再大,好战则亡;家之再富,好奢则危。”作为学生,我们要以学业为主,在课堂上比学习,在扫除时比劳动,在课下比素质。所以,我们要自觉抵制盲目攀比这种不良之风。

9. 如何看待报考艺术专业的学生临考前“快速充电”、临时抱佛脚的做法

【参考范例】

曾看到这样一则新闻:一所艺术学校招聘舞蹈专业课老师。一名艺术院校

的研究生和一名本校的专科毕业生同时应聘。经多方比较，学校最终选择了本校毕业的专科生。就在众人不解时，校长说，在查看应聘者简历时，发现这名艺术院校研究生属于“后期转型”，舞蹈功底远不如经过六年艰苦训练的专科生。由此可见，想真正走上艺术之路，需要的是从娃娃抓起的“童子功”，而不是半路转型的“催生品”。

艺术专业招生的目的是为高等艺术教育选拔具有较高艺术素质和艺术领悟力的专业人才，目前尚不属于大众化教育范畴。一些人之所以走入“艺考热”误区，有把报考艺术类高校作为上大学捷径的侥幸心理，或者希望自己有朝一日成为“明星”。我认为是否报考艺术专业，首先要考虑个人的兴趣爱好和天赋。勉为其难，往往会事与愿违，耽误学习。

虽然艺术类高考对文化课的要求稍微宽松，但也应该脚踏实地、一步一个脚印地进行学习。学习应该靠平时的积累，艺术学习更应该如此。艺术之路并非一蹴而就，专业艺术学校一般对学生的基本功要求很严格。作为一个有志于在艺术方面有所发展的求学者，就应该勤学苦练，为以后的发展打下坚实的基础。如果没有一定的功底而仅仅是为了上大学去报“速成班”，那就大错特错了。走艺术之路，是不能临时抱佛脚的。

10. 中学生有没有必要经常参加志愿活动

【参考范例】

我认为，作为国家未来的建设者，在不耽误学业的情况下，中学生有必要经常参加志愿活动。

志愿服务作为一种高尚的社会行为和一项重要的社会公益事业，在弥补政府资源不足、维护社会安全稳定、服务经济建设与维护社会道德等方面发挥了积极作用，对构建社会主义和谐社会也具有重要意义。志愿者在把关怀带给社会的同时，也传递了爱心、传播了文明，增强了人与人之间的交往，减少了彼此间的疏远感。

那么，中学生有没有必要经常参加志愿活动呢？我认为很有必要。首先，志愿者通过参与志愿工作，能为社会尽一份责任和义务。其次，志愿者利用业余时间,参与一些有意义的工作和活动,既可扩大自己的生活圈子,更可亲身体验社会的人和事,加深对社会的认识,这对志愿者自身的成长是十分有益的。最后,志愿者在参与志愿工作的过程中,除了可以帮助他人以外,更可培养自己的组织协调能力,学习新知识、增强自信心等。

所以,志愿活动对于中学生来说既是一个奉献社会的机会,也是一个提升自己的机会,只要时间允许,中学生应该经常参加。

11. 每到暑期,很多家长都会送孩子上各种各样的培训班,你对此有什么想法

【参考范例】

如今是一个知识经济时代,知识就是财富,因而暑假把孩子送进各种培训班成了家长的首选。

我认为,暑假对孩子们来说是难得的增长见识、培养能力、参与实践的机会,适当地学习有必要,但过多地参加培训使孩子的暑假失去了欢乐。家长们望子成龙、望女成凤,这本无可厚非。但让其长期处在精神紧绷的状态下,非但不能提高孩子的综合素质,还会使孩子原本海阔天空的思维僵化。

爱玩是孩子的天性,扼杀其天性,不利于孩子的身心健康。我们要培养孩子成才,而不是把孩子培养成全才。家长应根据孩子的兴趣,鼓励其把兴趣爱好做专,而不要一味地关注学习成绩。劳逸结合方能收到良好的效果。如果要把孩子送进培训班,那也要摆正心态,以孩子的意愿为主。实际上,孩子参加培训班只是在校学习的一个助推器,是孩子拓宽视野、培养兴趣的渠道之一。应该让孩子"学习着、快乐着",不要剥夺孩子选择的权利。

另外,暑期不是孩子查漏补缺的最佳时间,而恰恰是促进亲子交流的好时机。家长在奔忙之余,多抽时间陪孩子聊聊天,了解孩子的内心世界,既放松心情,又促进感情。家长们应利用这个机会让孩子们充分展示自我、接触社会、提高素质,没有必要一窝蜂似的将孩子送到培训班。

12. 角色互换课上，学生罚老师抄写课文50亿遍，对此你有何看法

【参考范例】

孩子们给老师布置这么多的作业，说明他们对繁重的作业负担十分反感。因此，老师以后要多站在孩子的角度，适当减轻他们的负担。

作业负担过重常常令学生头疼，让家长担心。大量重复性的作业过多地侵占了孩子们休息、娱乐及睡眠的时间，而学生作业负担过重的重要原因之一就是老师很难从学生的角度去思考。有的老师甚至错误地认为，只有通过“题海”战术才能使学生掌握所学的知识。然而实际情况是，孩子们熬夜完成作业，必然影响白天课堂的听课效率。“角色互换”课让学生找到了表达真实意见的渠道，也让老师从“罚抄作业”中看到布置作业过多的弊端。

在我看来，角色互换的做法值得其他学校和老师借鉴。“角色互换”课是师生增进沟通的好办法，也是老师第一时间掌握学生思想动态的好渠道。同时，老师还可以利用这一平台发现问题，改进教育教学方法，这对缓解学生的心理压力、减轻他们的负担是大有裨益的。

在应试教育尚未被素质教育完全取代的情况下，课外作业仍是巩固课堂教学效果的辅助手段，但布置课外作业一定要适量。

13. 你认为自主招生是不是部分重点高校的“小灶”

【参考范例】

我认为自主招生并不是部分重点高校的“小灶”。总体上来说，它是一种比较适合我国现有国情的高校招生制度，是中国高校招考制度的有益尝试和补充。

高考“一考定终身”的局限性，使高校无法自主选拔人才。自主招生制度尊重大学的招生自由，扩大了招生面，使得相当一部分优秀学生有机会进入大学校园。而自主招生时的面试，能让学校更加全面地了解一名学生的综合素质，而不单单是他的考试能力。

不可否认，自主招生制度目前还处于初级阶段，还存在一些不完善的地方。

比如,这种制度的公平性从一开始就受到了广泛的质疑。目前这种制度的普及程度尚浅,农村地区虽然原则上有名额,但学生实际参与却很困难。除此之外,自主招生还有其他方面的缺陷,但我个人相信,随着社会的发展,自主招生制度会日益完善。

总的来说,我认为自主招生模式利大于弊。尽管具体实施过程中会出现一些问题,但是自主招生有利于促进素质教育的实现,能让更多优秀学生拥有接受高等教育的机会,而高校也能因材施教,培养出更多的专业人才。

14. 你认为先天遗传和后天环境哪一个对人的发展更重要

【参考范例】

我认为后天环境更重要。一个人在生活中会不知不觉地受到外界环境的影响,这些影响会使人的性格发生重大改变,从而影响人的一生。

人是有主动性和创造性的,可以克制自己的感情和欲望。这些能力不是天生的,需要经过体验和积累才能逐渐形成。先天造就的非常优秀的或极为愚钝的人,只是个案。对于大多数人,先天遗传的基因大致相同,只是后天环境的不同才造就了形形色色的我们。最典型的就是双胞胎的例子。成长环境不同的孪生儿,长大后性格、行为方式都会出现很大差异。遗传决定生理因素,后天环境影响人们的行为方式和心理机制。

尽管人和人之间存在智力上的差别,但“孟母三迁”的佳话也正印证了后天环境的重要性。“近朱者赤,近墨者黑”说的也是这个道理。所以,我认为后天环境对于一个人的发展更为重要。

15. 果真是穷人的孩子早当家吗

【参考范例】

我认为穷人的孩子早当家这种说法是正确的。这不是说穷人的孩子天生就懂事,就会“当家”,而是他们在贫困的条件下经历了许多别人不曾经历的事,并从中学到了知识、学到了“当家”的本领,具备了承担重任的能力。

“宝剑锋从磨砺出，梅花香自苦寒来。”“穷”对于一个孩子的成长未必是件坏事。当然，现在条件好了，我们大可不必让孩子再去过那种缺衣少食的苦日子，可是适时适量地让孩子吃些苦，还是有好处的。

生长在野外的小草的生命力，远比温室里的花朵强得多，因为它经历过无数次的风吹雨打。恶劣条件不但没有摧毁它，反而造就了它顽强的生命力。我们在与外界病原体不断斗争的同时，也刺激自身的免疫系统产生了各种抗体，从而使我们对疾病有了一定的抵抗力。其实生活中所经历的各种困难、挫折正像病原体，在我们战胜它的同时，也对它产生了“抗体”，下次就再也不怕了。一个孩子在他成长的道路上如果少了应有的苦，他还会有这种“抗体”吗？

所以，“穷人的孩子早当家”。面对越来越大的社会压力，适当地让孩子了解自己的家境，帮父母分担一部分压力，对他们的成长是有益的，对他们责任心的培养也是有好处的。

16. 你如何看待中学生的审美观

【参考范例】

爱美之心，人皆有之。中学生正处在青少年时期，是人生中最美好的阶段。这个阶段正是他们人生观、世界观开始形成的时期，同时也是他们最爱美、最想表现美的时期。因此，对“美”有一个正确的理解，对中学生来说十分重要。如果在这一阶段能够树立正确的审美观，那么对他们今后的人生发展有着不可低估的作用。

然而，由于中学生的思想还不够成熟，对事物的看法还不够完整，他们对“美”的理解往往存在着某种偏差，一部分人还不能树立一种正确的审美观。比如时下校园中盛行的不愿穿校服、衣着怪异、烫发染发以及部分女生化妆等现象，都说明了他们没有树立正确的审美观。所以在新的形势下，引导中学生树立正确的审美观很有必要。

苏联作家奥斯特洛夫斯基说：“人的美并不在于外貌、衣服和发式，而在于他本身、在于他的心。要是人没有内心的美，我们常常会厌恶他漂亮的外表。”对于一个人来说，内在美才是最重要的。歌德也说过：“外貌美只能取悦一时，内在美方能经久不衰。”为此,中学生应注意自己的内在美,培养自己的内在美。

一个人如果光有躯壳的美,而没有灵魂的美,这是假美。所以中学生要不断在社会实践中加强锻炼,吸收新的、美的事物,抵制丑的、恶的事物,不断丰富自己的精神世界,加强审美修养、提高审美能力。

17. 你认为学校是否应该分好班和差班

【参考范例】

近年来,各级教育部门再三严厉禁止按考试成绩编排好班和差班或搞学科类特色班。但在现实中,许多中学却打着“因材施教”“分类辅导”的旗号,按分数排名、按分数排座位、按分数分班。并且,这种分班方式得到了学习成绩较好的学生家长和部分社会人士的支持,但这是一种不平等的教育现象。

义务教育是面向全体学生的平等教育,是为每一个学生长远发展和终身学习打基础的教育,是提高全民族素质的教育,而不是精英教育、选择教育,更不是淘汰教育、筛选教育。对学生进行评价,是对学生的知识水平进行系统的调查了解、对学生行为表现进行价值判断的过程,其目的是为了让学生更好地了解自己的特长,正视自己的不足,更好地让老师实施“因材施教”,以促进教育教学。为了全面实现素质教育,我国建立了以身体素质、心理素质、品德素质、文化素质为重点内容的学生综合素质评价指标体系。而分数,只是对学生文化素质中基础知识的一个评判。学校、老师单以分数论高低,以成绩来划分三六九等,对学生而言是不公平的。

《教育法》明确规定:公民依法享有平等的受教育机会。学校按成绩分班的这种做法不仅违反了《教育法》和教育部三令五申的有关规定,同时也可能给分在差班的学生带来精神打击和心灵伤害,更给社会带来严重的负面影响。

18. 你认为对我国的学生来说,国学教育和英语教育哪个更重要

【参考范例】

考量当下我国教学成绩不难发现,在学生英语水平普遍提高的同时,汉语

水平呈急剧下滑之势。对此，社会各界极为关注，强烈呼吁不要漠视自己的母语，不要轻慢自己民族的优秀文化。我认为偏废母语，忽略国学，不啻为舍本求末。

借助于现代化信息手段，我们足不出户就能接触到原汁原味的西方文化。英语教学如何应对西方文化和价值观念的渗透，抵制糟粕文化的侵袭是不容回避的问题。思想上构筑“防火墙”是必要的，同时，更应积极倡导国学。思想厚重、内蕴丰富的国学可以陶冶人的情操。学生在了解摇滚乐、NBA、好莱坞大片的同时，也应懂得大漠孤烟、长河落日、松间明月、岁寒三友等意境的深沉悠远。

鉴于国学对学习其他语言的重要性，我认为有必要在英语教学中注入国学元素，以强化素质教育。高等院校大力推进的素质教育中，人文素质素养教育应是核心内容，而人文素质素养教育的核心内容应是国学。

19. 谈谈你对社会上流行的“高考移民”现象的看法

【参考范例】

近年来，“高考移民”现象在社会上呈现出愈演愈烈之势。“高考移民”的大量增加，打破了各省高考原有的平衡状态。尤其是在教育欠发达地区，当地学生与“高考移民”的矛盾冲突日益激化，甚至引发一些群体性事件，危及社会稳定，应该引起我们的重视。

“高考移民”问题表面上看是部分考生和学生家长钻国家政策和法律空子的投机行为，但更深层次的原因是公民受教育权的法律法规有待完善。“高考移民”正是相关法律法规漏洞的产物。目前，我国是以省、自治区、直辖市为计划单位来配置高考资源。“高考移民”是对考试公平的破坏，他们大都来自教育发达地区，和当地考生一起参加考试，很可能挤掉原地考生上大学的名额，剥夺他们接受高等教育的机会。

同时，“高考移民”现象很容易滋生腐败。面对“高考移民”折射出的高考制度不公现象，我认为教育部门不应该采用粗暴的打压手段进行制止，而是要不断完善高考考核体系，从均衡教育资源等入手，在制度上消除产生不公的根源。

20. 网络语言的大量流行会影响汉语言的纯洁性吗？请谈谈你的看法

【参考范例】

面对网络语言的泛化，有人认为，网络语言丰富了汉语的语言词汇，应当促进其发展；也有人认为，网络语言是一些年轻网民的自娱自乐，应任其自生自灭。但是我认为不应放任这种语言直接出现在孩子的作业、媒体的报道，甚至政府公文中。如果随便把一些新奇的网络语言引入汉语，不仅很多人不懂，也会影响现代汉语的纯洁性。网络语言的大量流行给我们加强语言规范、促进汉语的健康发展提出了新的挑战。

语言的发展离不开规范。在语言发展的历史长河中，不同时期、不同阶段，都会有新词新语涌现，只有那些符合语言发展规律和规范的、符合社会需求的新词新语，才会被吸纳到语言体系中，进一步促进语言的丰富和发展。反之，只能是短期内在小范围流传，转瞬即逝。网络词语的发展也应遵循这一规律。

面对网络语言中的不规范现象，我们要树立科学的语言规范观，积极寻找对策加以引导和解决。国家语言文字工作部门应根据信息化社会和网络时代的特点，及时制定新的规范和标准，对部分失范现象及时加以规范和引导。学校应当成为语言规范的主要阵地，积极推广普通话，使用规范字。对出现在课堂上、作业中的网络语言文字等失范现象更要积极引导，加以规范。

21. 你怎么看待现在很多人习惯电脑打字而书写水平下降的情况

【参考范例】

中国传统书法流传千年，博大精深。但随着信息化社会的到来，在中小学教育中，汉字书写正在弱化，越来越普及的电脑输入已开始影响一部分学生书写汉字的能力，这不能不引起我们的重视。

中国的汉字以象形文字为主，和西方的拼音文字不同，对开发大脑、提高思维能力很有帮助。如果写得好，还能成为一种书法艺术，供人欣赏，且具收藏价值。

然而，自从有了电脑，通过键盘输入汉字的速度要快很多。在习惯了使用电脑“写字”后，人们发现，国人越来越不会写字了。中小学生用电脑写字已经渐渐成为习惯，有的学校甚至要求学生的文字作业必须是打印好的稿子。但是，在习字阶段就开始用电脑写字，便很难体会汉字的奥妙。同时，在手写汉字时，往往会因为陌生而出现很多的错别字和错误的表达。

为了避免这种局面的出现，汉字应用水平测试应该提上日程，对特定职业人群进行考核，引起人们对汉字书写的重视。尤其要加强对中小学生汉字书写的训练和考核，提高他们的书写水平。

22. 如何看待中学生补课现象

【参考范例】

在对孩子学习越来越重视的今天，很多家长为了孩子的学习可以说不遗余力。请家教、上各种补习班成为一种时髦。尤其进入初中后，有的学生各大主科都要参加老师的补习班。可是有些补习班补习效果不佳，学生学习成绩进步不大，家长不甘心，继续找各种补习班补习，如此造成恶性循环，孩子受累，家长着急。

家长要根据孩子的实际问题寻找解决方案。例如，对于即将参加中高考的孩子，如果某门功课成绩较差，家长可以有针对性地每周一次请老师辅导。另外，给孩子补课一定要端正态度，不能强迫孩子去参加以竞赛为目的的强化训练，这会严重伤害孩子学习的积极性。

在学习上，家长应调动孩子的学习兴趣。进入状态后，孩子就会制订计划，安排学习内容，主动向任课老师请教。家长所要做的就是了解孩子，为孩子把好关，做好服务工作。比如选择学习内容，明确哪些方面应该加强等，而不是盲目地去为孩子报各种补习班。

23. 现在很多中学生既想保持身体健康，又不愿参加体育运动。怎么看待中学生中存在的这种现象

【参考范例】

针对学生中出现的不愿参加体育运动的现象，我认为主要是没有解决好对

体育运动的投入和从体育运动中获得乐趣这两者之间的关系。

很多学生对体育运动的这种“厌恶”情绪不是因为对运动本身的反感，而是参加运动未能使其心理需求得到满足。还有一部分学生因为进入了中学，面对课业负担加重、家长的期望值增高等重重压力，被迫压缩或放弃了对运动的投入。

然而，具有良好的运动素质和运动能力是产生自信心和快乐体验的基础。要使自己拥有正常的生理功能和强壮的体质，进而产生良好的心态和自我满足感，首先要全身心地投入到体育运动中去。经过努力达到预期的目标和成果，就会享受到运动的乐趣。兴趣和快乐相互交替，会进一步提高学习的积极性。

总之，全身心地投入到体育锻炼中，并从中获得乐趣，才能产生良好的体育锻炼效果，从而使中学生参与体育运动进入一个良性循环的轨道。

24. 现代社会竞争更重要还是合作更重要

【参考范例】

现代社会是一个竞争的社会，因竞争不断开化与进步，更因竞争而充满生机与活力。所谓竞争，是指个人或群体在一定范围内为谋求他们共同需要的资源而进行比较、追赶和争胜的过程；而合作则是个人或群体为谋求共同目的彼此配合的社会行为。竞争和合作都是社会存在与发展的必要条件，但要判断竞争与合作哪一个更重要，则要在理论与事实上判断谁更能推进现代社会的发展和刺激个人积极性的发挥。

从现代社会的发展来看，社会在竞争中实现新陈代谢，文明在挑战与应战的循环中发展。竞争可使落后成为先进，先进成为胜者。社会就是遵循这种永恒的竞争法则不断发展。从现实效率与公平的目标看，对个人而言，竞争的前提是人人都有机会参与竞争，其结果必然是优胜劣汰，这就保证了社会公平；竞争的过程就是各尽其能，按劳取酬，这又激励了个人积极性的发挥。从竞争与合作的内在关系看，竞争是绝对的，合作是相对的，合作以竞争为前提。竞争的压力往往促使人们为了获得更多的资源寻求合作，合作伙伴的构成与合作策略的确定必须通过选择，而合作的目的是将每个成员的力量整合成团体的竞争力。

现代社会的存在与发展为竞争提供了良性的社会规则，使竞争在合理有序的条件下顺利进行，从而充分实现其功能。所以，我认为竞争对社会发展更为重要。

25. 如何看待公立小学中设立贵族班这一现象

【参考范例】

有些小学利用公共资源，设立贵族班，提供差别化的教育服务，这对贫困家庭的孩子来说是不公平的。如果好的教育资源都向“贵族班”倾斜，普通班学生的教育质量必然下降。

公立学校办“贵族班”，额外收取服务费用必然增加学生家庭的负担。如果义务教育阶段还要额外收费，无疑是学校向家庭进行双重收费。现在许多家长望子成龙心切，如果公立学校设立贵族班和普通班，部分家长必然会以多交费的方式为孩子提供好的教育机会。

公立贵族班的本质就是教育乱收费。它破坏了教育公平，制造了社会鸿沟，影响孩子心灵的健康成长。这种现象在一个地方蔓延，除这些学校办学理念存在偏差外，当地教育行政部门监管不力也是重要原因。

无论如何，我认为这种影响社会公平的“贵族班”都应从公立学校中消失。

26. 你怎么看待北大实行的“中学校长实名推荐制”

【参考范例】

北大实行的“中学校长实名推荐制”在社会上引起了不小的轰动，其中也有不少质疑。但是，我认为这种推荐制度是具有积极意义的。

现在的中学校长实名推荐制与以往的自主招生有很大的相似性，它比自主招生多了一个把关环节，需要校长实名签字推荐。北大将根据中学校长所推荐学生的具体情况，安排专家组对学生报名资料进行审核。合格者将免于参加北大自主招生笔试而直接进入面试,面试合格者在高考录取时将享受北大一批次录取线下降30分录取的政策。

可见,中学校长实名推荐制并不是导致徇私的“洪水猛兽”,它是一种有别于常规高考的人才遴选方式,有一定的程序保障。

退一步讲,即便舆论担心的那些问题确实存在,也是可以靠制度设计逐步解决的。例如某中学校长推荐的生源太差的话,可以考虑在未来减少或取消给该中学的推荐配额。最重要的是,在推荐的过程中应始终保持信息公开。中学公布推荐过程和推荐结果,北大公布录取考核程序、录取依据和结果。

总的来说,我认为中学校长实名推荐制是在自主招生制度方面的进一步发展。如果我们全盘否定中学校长实名推荐制,那么只会任由社会的武断、浮躁风气滋长,不利于找到一个有建设性的解决方案。所以,我支持这种制度,毕竟,它的存在使学校多了一条遴选人才的途径。

27. 怎样看待部分学生追求档次、崇尚名牌的现象

【参考范例】

现在中学生的日常消费确实有追求名牌的趋势。这一方面说明了家庭消费水平的提高,人们消费观念的变化,另一方面也警示人们对盲目攀比、讲排场、比阔气的风气不可轻视。

鉴于消费心理的不同,对中学生名牌消费现象,我们也要区别对待。若是为了虚荣心,陷入无止境的攀比中是非常有害的。今天穿这件,明天买那件,一旦不能满足自己的虚荣心,马上就丢掉再买,这样的行为不仅会把中学生引入消费误区,而且也会影响其形成正确的价值观和人生观,并带来种种问题。对此,老师和家长要加强教育,帮助这些学生改正互相攀比、追求时髦的想法。但是在家庭条件允许的情况下,我认为中学生购置一些名牌产品无可厚非。关键要看是为了满足日常需要,还是为了攀比。

中学生作为一个易受外部环境影响、崇尚时尚的消费群体,有自身的消费心理,同样拥有消费名牌的权利,但他们在名牌消费上容易走入误区。与其冷漠地指责中学生名牌消费的种种不是,不如回头反思一下,在引导中学生消费

方面，社会、学校和家庭是否尽到了自己的职责。我相信，在名牌消费方面，只要正确引导中学生，他们就会少一些盲目，多一份理性。

28. 学生有必要穿统一的校服吗

【参考范例】

我觉得中学生应该穿校服上学。对于中学生来说，校服是身份的标志，就像社会上某些职业需要穿制服一样。穿校服易于辨识学生的身份，而且也能增加学生对学校的归属感。

让学生统一穿校服，不仅有利于培养学生的团队精神，强化学校的整体形象，增强集体荣誉感，还可消除当前越来越突出的学生讲穿着、讲排场、互相攀比的不良风气。而且，穿校服可加强学生的纪律性。它可以时刻提醒学生，使之认清自己的身份，注意自己的言行举止。

总之，我觉得穿校服上学有很多好处，所以我支持学生穿校服的优良传统。

29. 如果这次考试失利，你将如何面对

【参考范例】

坦率地讲，我非常不愿意面对这个问题，因为为了这次考试，我做了大量准备，一旦失利，我肯定会非常难过。然而有时候事情的结果并不会以个人的意志为转移，所以即使这次考试我失利了，我会选择勇敢面对。

遇到失败，每个人都会感到十分沮丧，因此，调节情绪便是我要做的第一件事。调整好自己的情绪之后，最重要的是分析失败的原因。每次的失败都会有很多的影响因素，不一定是自己的能力不够。客观地分析完失败的原因后，要制定相应的对策。如果能从失败中找出原因并有所收获，那么拥有一次失败的经历，也是有意义的。

其实，失败并不可怕，可怕的是失败之后再丢失自信。因此，重拾自信也是经历失败后必须做的一件事。要多做自己容易做到、做好的事情，成功的体验多了，自信心就容易建立，就会有信心去面对、完成更难的事情。

失败只是暂时的，面对失败只要善于总结并持之以恒地学习，我相信自己终究会成功的。

30. 你如何看待目前在中小学生当中非常流行"造文"软件

【参考范例】

"造文"软件严格地讲还不能说是应用软件，只是把大量的文章集中起来，相当于一本超大型的文集，没有多少技术含量。但它迎合了一些学生投机取巧的侥幸心理，所以能够在中小学生群体中流行。这种现象应该引起我们足够的重视和思考。

"操千曲而后晓声，观千剑而后识器。"写作是学生听、说、读、写能力的综合体现，是学生根据要求取材、立意，然后措辞、造句、谋篇而最终形成的作品。如果只是一味地图省事、省力，利用所谓的"高科技软件"来走捷径，只会"欲速则不达"。如果学生们对"造文"软件过分依赖，不仅会导致其写作能力的下降，而且会扼杀他们的创造力和创新精神。

进入信息时代，如何使语言教学和电脑软件有机结合，更好地培养学生的动手动脑能力，达到提高写作水平的目的，是一个新课题。我认为广大学生家长应该积极配合学校抵制这种"造文"软件，让广大中小学生远离这种遗祸未来的"造文"软件。

31. 谈谈怎样与同学和谐相处

【参考范例】

良好的人际关系是中学生健康成长的重要因素。一个人如果生活在一个温馨的集体中，与周围的同学建立起和谐的关系，他就会消除孤独感，产生安全感，保持情绪的平静和稳定，从而好好学习。与同学和谐相处，我认为应该做到以下几点：

第一，热情大方，礼貌待人。与同学见面主动热情地打招呼，积极的态度有助于结交朋友。交谈中不能粗言秽语，要注意文明用语。业余时间多参加一些集体活动，加强与同学之间的沟通。

第二，互相关心，互相帮助。在学习生活中，不要总是以自我为中心，要学会关心和帮助他人，懂得为他人付出。如果人人都能做到这一点，就会形成互帮互助的温暖氛围。

第三，为人谦虚，诚实守信。谦虚是一种美德。一个人不论有多大能力也不要妄自尊大，每个人都有值得学习的地方，因此要互相学习、共同提高。相互交往要诚实，恪守承诺，不说大话，这样才能赢得真正的友谊。

第四，宽容大度，学会体谅。人们看问题的角度不一样，难免会产生行为摩擦和心理冲突，这时就需要我们互相谦让，严于律己、宽以待人，同时在处理问题上求同存异。

总之，我们要从自身实际出发，处理好与同学的关系，力争使自己处于融洽和谐的人际环境中，从而更好地学习、生活。

32. 你关心时事吗？你认为当代学生是否有必要关心国家大事

【参考范例】

我经常关注时事政治，我认为作为一个国家的公民，关心国家大事也是个人爱国意识的重要表现，是公民应该具备的素质。

作为学生，即将成为国家与社会的建设者，未入社会而先知天下，可以为我们将来担负起建设国家的重任打下良好的基础。而且关心时事，本身也是我们学习文化知识的一部分。即便是从考试出发，文科考试就有时事政治这一项。如果我们一直有这样的意识，关注新闻，就不会在死记硬背中感到枯燥乏味，出现记了又忘、忘了又记的疲惫应试现象。进一步讲，如果能巧妙地将时事材料运用到作文中，使作文更具时代气息，就更容易引起阅卷老师的共鸣。

学生现在课业负担重、时间紧，但是，我们可以化整为零地学习时事知识，并与文化学习相结合。养成每天关注新闻的习惯，坚持精读和泛读相结合的方式，将使自己受益匪浅。

33. 你怎么看待家长陪读这一现象

【参考范例】

现在有很多家长认为,工作没了以后可以再找,可是孩子的教育一旦错过最关键的时期就再也无法弥补了。所以他们往往选择放弃自己的事业,全心全意陪伴孩子读书。

不可否认,陪读在一定程度上对孩子是有帮助的。通过陪读,家长可以及时发现孩子存在的问题,及时帮助其解决。家长陪读,孩子就有了强大的后勤保障。

陪读有诸多好处,可总的来说,弊大于利。对孩子来讲,学习不仅仅是学习书本上的知识,更重要的是学习适应社会的能力。家长陪读,犹如给孩子撑了一把保护伞,使孩子难以了解生活的艰辛。孩子一旦离开父母,就会出现很多问题。很多家长认为,孩子只需要学习好就行了,至于责任感和生存能力,到了一定年龄自然会有。但是这些至关重要的东西是需要循序渐进地培养的,而陪读式的家庭教育只会造成孩子的依赖心理。中学阶段正是学生培养独立能力的阶段。自己的事自己做,这不仅会让孩子养成良好的生活习惯,而且有助于其形成正确的人生观,做一个负责任的人。父母把本该孩子自己做的事包揽下来,会让孩子形成错误的认识。从家长角度讲,在为孩子铺就求学之路的同时,荒芜了自己的人生。

所以说,家长陪读可以理解,但不是最佳选择。家长的陪读方式不应是"包办式",而应是"辅助式"。家长无需对孩子全程包揽,而要给予关心、鼓励、督促,逐步使孩子养成自觉、独立的学习习惯、生活习惯。

34. 父母应不应当干涉孩子零花钱的使用

【参考范例】

孩子到了一定年龄,应该有自主支配零花钱的权利。哲学家培根说过:"假如孩子小的时候,在金钱上过分吝啬于他,孩子在性格上将会变得猥琐。"

给孩子一些零花钱是应该的，这样能让他尽早地学会正确使用金钱。在大多数情况下，孩子花钱也有他们的道理。在父母眼里是浪费，在孩子眼里却是物有所值。父母应该尊重孩子的自主权，让孩子自己决定如何使用这些钱，而不宜过多地干涉。有时候孩子买了不实用的东西，他会从中得到教训和经验，就不会再犯同样的错误。

当然，对孩子零花钱的使用也不能放任自流，要在尊重孩子意愿的基础之上，加强家长的监督作用。从小学开始，我的父母就帮助我制定用钱计划，如用钱的数目、时间、具体的用途等。在孩子比较小的时候，父母可以和孩子一起商量，尽可能多地考虑孩子对这些钱的支配意见。待孩子年龄稍大，可以独立拟订计划时，父母不妨放手或者只提供一些参考意见，例如钱除了购物之外，还可以有哪些用途？制订消费计划后，孩子要按计划执行，父母定时进行小结，帮助孩子学会理财。

35. 对于家长送孩子入学并买很多非必需品，你认为这是爱还是害

【参考范例】

随着生活水平的提高，许多家长认为给孩子买非必需品无所谓，但正是这种无所谓容易养成孩子花钱大手大脚的坏毛病，容易让孩子形成攀比之风。另外，也给那些困难家庭的孩子造成了压力。

现在的孩子喜欢追赶潮流，父母可以给孩子买一些必需的学习用品，来满足孩子的求新心理，这样也能激发孩子新学期的学习热情。但是，在琳琅满目、样式翻新的各式学生用品面前，家长应当擦亮慧眼。虽说要注重审美，但更应当注重实用。况且，对于经济尚未独立的未成年人而言，无端的攀比会导致浪费。要培养孩子的节俭意识，要让孩子知道钱是父母努力赚来的。

以前讲“再穷不能穷孩子”的观念，眼下，倒是有必要强调“再富不能富孩子”。开学消费应理性对待，同时家长应教育孩子养成勤俭节约的好习惯，不要给孩子过多的奢侈“装备”。另外，家长本身应树立正确的消费观念，不要给孩子当反面教材。

36. 有必要加强对中小学生的心理辅导吗

【参考范例】

良好的心理素质是人的综合素质的重要组成部分,是考量人才的一项重要指标。中小学生要想成为祖国的栋梁之材,必须拥有良好的心理素质。

心理素质的培养绝非一朝一夕之功,必须从小抓起。中小学生正处在身心发展的重要时期,面临的竞争压力在不断增大,社会阅历在不断扩展,思维方式也在不断变化,在学习生活和人际交往中不可避免地会产生各种心理问题。有些问题如不能及时解决,将会对学生的健康成长产生不良的影响,严重的会使其出现行为障碍或人格缺陷。

中小学生的心理健康教育是培养学生良好的心理素质,促进学生身心全面和谐发展的教育活动。它是素质教育的重要组成部分,也是培养高质量人才的重要环节。因此,对中小学生进行及时有效的心理健康教育是现代教育的必然要求。

37. 如果有花不完的钱,你还会不会上学

【参考范例】

即使有了花不完的钱,我也绝对不会放弃学习的机会。尤其是了解了著名化学家、诺贝尔奖获得者维克多·格林尼亚的经历后,我更加坚定了这个信念。

维克多·格林尼亚出生在一个富裕的家庭,优越的生活使他养成了游手好闲的习惯。在外人的眼里,他是一个名副其实的纨绔子弟。21岁那年,他去参加一个上流社会的舞会,舞会上他被波多丽女伯爵的气质所打动。但是女伯爵早就知道他的劣迹,因此,当他邀请女伯爵跳舞时,当众遭到了严厉拒绝。格林尼亚知耻而后勇,从此潜心学习,终于成为一名出色的化学家,赢得了社会的尊重。由此可见,金钱并不是万能的,它不能给我们带来想要的一切,比如尊重。只有通过不断学习充实自己,实现自己的社会价值,才能获得社会的认可。

现代社会,缺乏文化素养的人不能算作真正健全的人。一个现代社会的新型人才,应该具备良好的文化素养和心理素质,具有高尚的品德、超凡的气质、

敬业的精神。这些都可以通过学习来获得。正如萨克雷所言:“读书能够开导灵魂,提高和强化人格,激发人们的美好志向,读书能够增长才智和陶冶心灵。”从自我发展和自我实现的角度来说,无论如何,我们都不应该放弃对学习的渴望和对知识的追求。

38. “孩子不能输在起跑线上”这句话是否有道理

【参考范例】

我认为这句话有一定的道理,但是并非绝对的。因为诸多的论据证明,起跑比别人慢的,成就不一定比别人小,比如爱因斯坦、牛顿等。

但很多家长却抱有这样的想法,为了不让孩子输在起跑线上,从小就让他们去学钢琴、英语、绘画、舞蹈等,把所有时间安排得满满的。孩子学习辛苦,家长接送孩子更是辛苦。但是家长和孩子的辛苦就真的能换来孩子以后成龙成凤吗？我看未必。

首先,从孩子的教育来说,过度、过早地开发尚未完全发育成熟的大脑,本身就是不正确的。再加上满满当当的上课日程,使孩子没有充裕的时间复习巩固。于是,新的知识赶走了旧的,更新的就会赶走新的,很多时间和精力便这样浪费了。

其次,从各种辅导培训班来看,孩子需要学习的东西相当多,也就意味着起跑线也有很多,哪个家长又能保证自己的孩子在每一个起跑线上都没被落下呢？每个孩子都是不同的,兴趣点也不一样,各有专长。如果用自己的短处和别人的长处比,怎么也是比不过的。而超负荷的学习,则会扼杀孩子对学习的兴趣。

最后,我认为作为家长,首先要保证孩子的生活是轻松快乐的,然后教会孩子如何做人、如何学习,鼓励他们发展自己的兴趣。

39. 你认为感情重要还是金钱重要

【参考范例】

人们常说有了钱什么都有了。有钱当然好,但是如果拿感情与金钱相比的话,我认为生活中的真实感情更加重要。

当今社会金钱占据着重要地位,很多人的人生观、价值观、亲情观、爱情观发生了变化。但是如果没有亲情,缺少亲人的关心,就算给你一座金山,你也会感到身无所依、情无所托。每天在无聊和空虚中度日,就算有万贯家产,人生又有何意义?青菜萝卜式的爱情虽然没有烛光晚餐的浪漫、没有吆三喝四的排场,但平淡中见真情,这种感情才更能长久,更能给人以心灵的慰藉。

人有感情才会快乐,才知道人间诸般滋味。感情会让你发掘到生活更多的美好和乐趣。它是一股无形的动力,让你对生活和工作都充满激情活力,努力实现自己的人生目标和理想。

40. 你认为对孩子的教育应从什么时候开始

【参考范例】

在我国,孩子的教育问题一直备受关注,而何时开始对孩子进行教育也是大家关注的焦点。教育学家曾指出:教育的基础主要是在一生当中的前6年奠定的。医学上也已经证实孩子从出生到2岁内头围增长最快,到6岁的时候,与成人几乎相近。大脑的生理发育为智力发育创造了先决条件,为接受知识、学习生活本领做好了物质准备。所以,我认为对孩子的教育应该是越早越好。

但是,对孩子的早期教育不应该是盲目的,这其中也有规律可循。孩子的能力发展是有时间规律的,就是说在某一特定时期孩子的某种能力发展更快。如果错过某一时期,再发展这种能力则耗时又费力,只能事倍功半。也就是说,抓好教育时机非常重要。可是,在日常生活中仍有不少家长忽视对孩子的早期适时教育,这样学龄前可贵的6年就被忽视了。这五六年是早期教育最佳时期,家长应言传自教、以身作则。

因此,除了对孩子精心呵护、喂养、照顾外,还要及早对孩子进行精神、行为、智力等方面的教育。

41. 读书是否是唯一的出路

【参考范例】

近年来，围绕"读书是否是唯一的出路"这个话题出现了很多讨论。一些人认为读书是唯一的出路，也有一些人持相反观点。我认为，读书不是唯一出路，但是不读书是绝对没有出路的。

我们接受教育是为了让我们更接近自己的人生目标。书读得多了，也许你会更快地实现你的理想。从这个意义上来说，读书是一条捷径。但它绝不是唯一的出路。比如微软的比尔·盖茨和苹果的乔布斯，他们有一个共同的特点就是大学退学，但是，他们最终也走上了成功之路。人生目标因人而异，实现人生目标的方式也有所不同，所以说读书并不是唯一的出路。

但是，反过来看，不读书是绝对没有出路的。书籍是人类进步的阶梯。通过读书，我们可以获取前人宝贵的经验财富，掌握有用的信息资源。

所以，对于学生来说，好好读书是有必要的。但是，我们又不能为了读书而读书，把读书看作是通向成功的唯一出路，而要把读书作为培养自己能力的一种手段。只有这样，我们才能更好地实现自己的理想。

42. 谈谈你最喜欢的作家

【参考范例】

我最喜欢的作家是鲁迅。鲁迅，浙江绍兴人，原名周樟寿，后改名周树人，作品包括杂文、短篇小说、评论、散文、翻译作品等，是我国伟大的文学家、思想家、革命家。

鲁迅的文学作品意义非常重大。他把目光集中到社会最底层，描写底层人民的日常生活状况和精神状况。正如鲁迅先生自己所说的："我的取材，多采自病态社会的不幸的人们中，意思是在揭出病苦，引起疗救的注意。"他作品中的孔乙己、华老栓、单四嫂子、阿Q、祥林嫂，都是社会最底层、最需要人们同情和怜悯的人，但是当时的中国社会，人们给予他们的却是侮辱、歧视、冷漠和冷酷。

鲁迅对他们的态度是“哀其不幸，怒其不争”。鲁迅爱他们，但希望他们觉悟，希望他们能够自立、自主、自强。

我喜欢鲁迅，还因为他能在文学作品中用平凡人的生活充分显现无穷的艺术魅力。鲁迅先生的作品没有离奇的故事，但是他通过对生活细致入微的描写和对人心入木三分的刻画，使这些作品具有了愈久愈醇的艺术魅力。同时鲁迅先生在文学创作中，特别是小说中，对当时的权势者和伪君子抱着深恶痛绝的态度。《孔乙己》中的丁举人、《阿Q正传》中的赵太爷、《祝福》中的鲁四老爷等都是权势者的形象。他们有权有势、自私自利、虚伪冷酷，鲁迅先生对其予以了无情的批判。

总之，鲁迅先生是中国文学革命的一名主将，他的作品值得我们认真学习。

43. 谈谈你最喜欢的音乐家

【参考范例】

我最喜欢的音乐家是贝多芬。

音乐巨人贝多芬是德国最伟大的音乐家、钢琴家，维也纳古典乐派代表人物之一，与海顿、莫扎特一起被后人称为“维也纳三杰”。

贝多芬一生坎坷，36岁患耳疾，41岁失聪。但孤寂的生活并没有使他沉默和隐退，在思想禁锢的年代里，他依然坚守“自由、平等”的信念，创作了《第九交响曲》。

他的作品受18世纪启蒙运动和德国狂飙突进运动的影响，个性鲜明，较前人有了很大的发展。在音乐表现上，他几乎涉及当时所有的音乐体裁；他大大提高了钢琴的表现力，使之获得交响性的戏剧效果；他使交响曲成为直接反映社会变革的重要音乐形式。贝多芬集古典音乐的大成，同时开辟了浪漫时期音乐的道路，对世界音乐的发展有着举足轻重的作用，被尊称为“乐圣”。

生活并不会总是一帆风顺的，挫折和忧患是需要我们直面的人生课题。作为音乐家，耳疾对贝多芬的打击可想而知。但是他没有放弃，仍然在黑暗中寻找光明，凭借自己满腔的热情和坚强的意志，创作出了伟大的作品。因此，我们应该学习贝多芬的坚强与执着。

44. 谈谈你最喜欢的画家

【参考范例】

我最喜欢的画家是徐悲鸿。徐悲鸿，原名徐寿康，画家、美术教育家，是中国现代美术的奠基者，擅长画马。

徐悲鸿自幼随父亲习画，并跟随父亲以卖画为生，接济家用。贫寒的生活使徐悲鸿自幼能够吃苦耐劳。随父亲背井离乡的日子丰富了徐悲鸿的阅历，开拓了他的艺术视野。志向高远的他结识了周湘、高奇峰、高剑父等画派大师，在他们的指导下，绘画技艺不断提高。在结识了维新派康有为后，在其影响下确立了自己的创作思路。

在绘画创作上，徐悲鸿的作品熔古今中外技法于一炉，是古为今用、洋为中用的典范，在我国美术史上起到了承前启后、继往开来的巨大作用。旅欧深造的经历使他把西方艺术手法融入到中国画中，创造了新颖而独特的风格。同时，徐悲鸿的绘画充满了爱国主义情怀和对劳动人民的同情，表现了人民群众坚韧不拔的毅力和威武不屈的精神，表达了对民族危亡的忧愤和对光明解放的向往。其中最具代表性的当属他的奔马，几乎成了现代中国画的象征和标志。

徐悲鸿长期致力于美术教育工作。他发现和团结了众多的美术界著名人士。他培养的学生人才辈出，许多已成为著名艺术家，成为中国美术界的中坚骨干。他对中国美术队伍的建设和中国美术事业的发展作出的卓越贡献，影响深远。

总之，无论徐悲鸿大师的绘画技术，还是他求学的坚韧和孜孜不倦的追求，以及他的爱国情怀，都堪称典范。

45. 谈谈你喜欢的一部电影

【参考范例】

我最喜欢的一部电影是《阿甘正传》。电影里的主人公阿甘给我留下了深刻的印象。阿甘形象的塑造颠覆了正常世界中的英雄形象,与传统观念背道而驰,具有强烈的反传统、反主流性。

阿甘的经历让许多"聪明人"相形见绌。我想导演就是想通过对阿甘形象的塑造来反讽社会。有趣的是,阿甘身后总有一群尾随者,他们找不到人生的答案,盲目地追随阿甘。这就是美国当时社会的一种现实,人们对现实失望,找不到生存的动力与意义,只好无望地把命运寄托在别人身上。而阿甘却总能以乐观的态度面对现实,勇敢地跑下去。

影片里的阿甘虽然智商只有75,但在他身上,我们看到了忠诚、守信、执着、友善这些人性中最为熠熠生辉、优秀可贵的品质。这样的故事总是让我们感动,让我们难以忘记。

《阿甘正传》给了我人生的启迪。在很多时候,我们做一件事情总是半途而废。人的一生往往就是这样,大多数时候,我们也许都在随波逐流,没有具体的方向。事实上,阿甘的经历告诉我们,只需尽力将简单的事做得完满,不要计较究竟得到了多少,这样反而能够活出自己的精彩。

46. 谈谈你喜欢的一本书

【参考范例】

我最喜欢的一本书是《三国演义》。《三国演义》是我国四大名著之一,是历史演义小说的经典之作。小说描写了东汉末年和三国时期以曹操、刘备、孙权为首的魏、蜀、吴三个政治、军事集团之间的矛盾和斗争。

我最欣赏《三国演义》的地方,是它刻画了众多鲜活生动的人物形象,其中有机智的诸葛亮、奸诈的曹操、勇猛的张飞、重义的关羽、纳贤的刘备、气量狭小的周瑜、忠厚的鲁肃等。

我最敬佩的人物要数诸葛亮了。诸葛亮是一个忠臣,而且熟知天文地理,足智多谋。他火烧新野,借东风,草船借箭,智料华容道,巧摆八阵图,骂死王朗,七擒七放孟获,使用空城计等,堪称神机妙算。他具有"鞠躬尽瘁,死而后已"的大义胸怀,具有济世救民、再造太平盛世的雄心壮志,还有呼风唤雨、神机妙算的奇异本领。

总的来说,《三国演义》博大精深,使我大开眼界,其中的人物各具神态,对我的成长起到了潜移默化的作用。

47. 如何看待校园暴力

【参考范例】

校园本应是青少年健康成长的一片净土,是学生汲取知识的殿堂。但是近年来,校园暴力屡屡发生,下至幼儿园、小学、初高中,上至大学校园,不得不引起我们的关注和警惕。校园暴力的危害巨大,不仅关系到受害者和施暴者自身的生命安危和心理成长,而且会影响一个家庭的幸福,影响学校的长远发展和整个社会的稳定。

既然校园暴力的危害如此巨大,我们一定要制定相应对策,坚决予以清除。

首先,要加强对学生的综合教育。通过向学生宣讲一些基本法律知识,组织学生观看有关校园暴力引起犯罪的视频资料,使学生了解我国的基本法律制度,从而增强学生的法律意识。

其次,要加强学校内部以及周边环境的综合治理。学校要加强校园安全管理工作,为学生提供良好的成长环境。学校要建立健全各项校园安全保卫规章制度,为校园安全提供制度上的保障。

最后,优化家庭教育。和谐、良好的家庭氛围对孩子的教育至关重要,父母要采用科学、理性的教育方式,严慈适度,平等对待子女,关怀而不失理智,身体力行,引导子女做出正确的行为。

对于一个家庭而言,孩子是家庭的希望;对于一个民族和国家而言,孩子是民族的未来。有效遏制校园暴力,教育孩子遵纪守法,与人友善相处,是我们义不容辞的责任。

48. 谈谈对月光族现象的理解

【参考范例】

月光族指的是将每月赚的钱都花光的人,同时,也用来形容赚钱不多却又喜欢随便花钱，每月收入仅可以维持每月基本开销的一类人。“月光族”是相对于努力攒点钱的储蓄族而言的，其口号是：挣多少花多少。

月光族一般是年轻一代，他们与父辈勤俭节约的消费观念不同，喜欢追逐新潮，只要吃得开心，穿得漂亮，想买就买，根本不在乎钱财。从目前的情况来看，月光族以大学生群体为主，他们一般有知识、有头脑、有一定的赚钱能力。花钱不仅表达了他们对物质生活的狂爱，更是他们赚钱的动力。老一辈通常信奉“会赚不如会省”，对月光族的行为痛心疾首，而他们的格言则是“能花才更能赚”。

月光族是信贷消费最坚定的支持者和实践者，他们对“寅吃卯粮”的做法心安理得，同时也是商家最喜欢的消费者，因为他们有强烈的消费欲望，会花钱，更重要的是他们有赚钱的能力，有钱可花。

从经济角度讲，月光族的存在能够促进市场经济的繁荣，加速货币流通，对市场经济的发展起到了至关重要的作用。但是从生活角度讲，月光族的行为是不值得提倡的，勤俭节约才是中华民族的传统美德，所以建议年轻人建立科学的消费观，学习理财知识，从而提高生活质量。

49. 你最喜欢的文学人物是谁?

【参考范例】

我最喜欢的文学人物形象，当数《红楼梦》中的刘姥姥。刘姥姥是《红楼梦》中最引人注目的人物之一，她既善于应酬又不失质朴，贪小便宜却又知恩图报，有着鲜明丰富的性格特征。

刘姥姥的乐观机智值得学习。面对生活的困难，刘姥姥以乐观的心态去面对，说出“谋事在人，成事在天”的话，并且积极抛头露面，与贾府攀上关系。她还善于察言观色，尤其是在二进大观园时，她使出浑身解数为贾府众人，尤其是贾母带来了无数欢笑和乐趣。她的精明机智，让她在贾府受到款待，回家时还带走了不少钱财。

刘姥姥的风趣幽默令人喜爱。土里土气的刘姥姥从乡间田野走进富丽雅致的大观园，给众人带来了爽朗的笑声。例如，宴席一开始，她便站起来，高声说道：“老刘，老刘，食量大如牛，吃个老母猪不抬头。”她还故意“鼓着腮不语”，令人捧腹。

刘姥姥的善良厚道让人敬佩。在《红楼梦》中，刘姥姥的性格是立体而鲜明的，她不仅是一个深谙世事、爱占小便宜的农村老妇人，同时还是一位知恩图报、心地善良的老人家。这一点在贾府败落后她营救巧姐一事上表现得最为突出。

第五章　社会热点类

1. 怎样理解当下流行的“低碳经济”

【参考范例】

所谓低碳经济，是指在可持续发展理念的指导下，通过技术创新、制度创新、产业转型、新能源开发等多种手段，尽可能地减少煤炭、石油等高碳能源消耗，减少温室气体排放，达到经济社会发展与生态环境保护双赢的一种经济发展形态。

低碳经济是以低能耗、低污染、低排放为基础的经济模式，是人类社会继农业文明、工业文明之后的又一次重大进步。低碳经济以其独特的优势和巨大的市场已经成为世界经济发展的热点，并将逐步成为全球意识形态和国际主流价值观。一场以低碳经济为核心的产业革命已经出现，它不但是未来世界经济发展的大方向，更已成为全球经济新的支柱之一，也是我国占据世界经济竞争制高点的关键。

发展低碳经济，是中国转变经济发展模式、实现可持续发展难得的机遇。推行低碳经济，需要政府主导。通过制定长远战略，出台鼓励科技创新、节能减排、可再生能源使用的政策，来引领和助推低碳经济发展。同时，只有更多企业改变目前的被动状态，自觉紧跟低碳经济的发展步伐，中国向低碳经济转换才有现实的基础。

作为一个普通公民，每个人生活习惯中浪费能源和排放碳的数量看似微小，一旦乘以我国众多的人口基数，就是巨大的数量。因此，每个人都应转向低碳的生活方式，戒除以高耗能源为代价的“便利消费”嗜好。比如积极响应国家的禁塑令，遏制白色污染，拒绝使用一次性用品；有节制地使用私家车，使用小排量车，减少温室气体的排放量。要实现宏大的节能降耗战略，需要我们从这些细微之处做起。

2. 春晚出现植入式广告，你对此有何看法

【参考范例】

我认为，在春晚中植入广告，是无可厚非的。

在市场经济时代，媒体早已开始商业化运作，广告收入成为媒体经营的主要收入来源。对于中央电视台来说，春晚是一年当中收视率最高的综艺节目。这个节目当然是做广告的绝好时机，所以，让媒体放弃广告也是不现实的。

实际上，经历了市场经济潜移默化的影响，中国观众对广告已经不再排斥。春晚的植入广告之所以受到观众质疑，问题不在于春晚要不要植入广告，而是广告如何植入。观众反感的并不是广告本身，而是植入广告的手段。植入广告的精髓在于巧妙。春晚植入广告，问题就出在不够巧妙。对于好的植入式广告，观众不仅不会反感，还会印象深刻。

因此，要消除观众的排斥情绪，不是从消灭广告这种形式入手，而是要思考如何把植入式广告做好。广告必须与人们的学习、生活、工作、休闲娱乐融为一体，才能被广泛接受。广告应该不露痕迹地安插在节目当中，与情节、人物有机结合，既不妨碍观众欣赏节目，又能将商品信息传递给观众。

3. 你怎么看待网络打假团

【参考范例】

近年来，我国的网络购物市场获得了飞速发展，不过也凸显出网络购物的一些弊端。由于网络购物市场具有非真实性、隐蔽性的特点，这就为假货提供

了天然的温床。网络购物市场的繁荣,也加速了网上假货的流行。而且有的假货不仅浪费钱财,还会对消费者造成人身伤害。比如现在网上有很多化妆品自称是产自法国或意大利的奢侈品,包装精美,贴满了外文标签,但是它们能引发严重的皮肤过敏或炎症。所以,网友针对护肤品"伪洋货"的声讨越来越多。但是,网上交易市场的售假行为从未中断,假货问题已成为困扰网络购物市场的第一大毒瘤。

网络打假团的诞生对不诚信的网上交易行为有很强的威慑力,一定程度上维护了企业和消费者的合法权益,这对于净化网上交易市场有着重大的意义。

但是,网络打假团的出现也伴随着许多的质疑声。打假是一个很复杂的过程,它涉及取证、诉讼等成本。同时网络打假团没有明确的资金来源,没有明确的宗旨,很难成为让人完全信服的公益项目。实践也已经证明,网络维权问题光靠网络打假团并不能解决,没有自上而下的专项立法监管,很难进行行之有效的打假。

想要真正打击网络售假,加强立法才是根本。网上假货的来源,已形成包装、生产、销售等产业链。有些批发商甚至把外国过期的化妆品拿到内地,重新包装后充当进口正品售卖。这些都属于违法犯罪,不是民间打假团所能处理的。所以,尽快出台网上交易的相关法规,建立专门的监管机制才是解决问题的根本。

4. 一位大学毕业生因求职屡屡受挫,一怒之下将其大学毕业证烧毁。谈谈你对这一事件的看法

【参考范例】

大学毕业生因求职屡屡受挫一怒之下将其大学毕业证烧毁,这一事件的背后隐藏的是众多大学生求学、求职的酸楚与无奈。

高校扩招,给我们中学生拓宽了通往象牙塔的路径。随着越来越多的中学生进入大学,大学市场化、产业化的趋势愈发明显。教育资源分配不公、课程设置不科学等因素,使大学生所学的知识和实践与社会脱节,毕业后仅凭一纸证书闯入社会,撞得头破血流在所难免。昔日的"天之骄子",而今面临这种处境,其中除高

校的原因外，更有社会制度设计的缺陷。毕业的大学生越来越多，可社会的接纳能力有限。要想解决大学生就业难的问题，还需要高校、社会共同努力。

当然，出现这种问题大学生本人也有一定的责任。对于一些大学生来说，学校成了他们的“避风港”。他们不愿主动了解社会，走近社会；不愿通过知识武装自己，强大自己；不愿加强与周围人的协作交流；不愿通过多种方式提高能力，发展专长。很多大学生以自我为中心，把大学当“温床”，这是值得反思的事情。

毕业证是学生学习生活终结、学识能力达标的体现。大学生怒烧毕业证，背后承载着太多的酸楚和无奈。我们当以此为鉴，好好反思，这样才能避免类似的事件再次发生。

5. 谈谈你对富二代这一群体的看法

【参考范例】

现在，媒体经常会报道一些关于富二代的负面新闻，引发了很多关于富二代的讨论和思考。一提起富二代，很多人都会将他们和开名车、穿名牌、举止张狂、挥霍无度联系起来。我认为这是不正确的，我们应该理性地看待富二代这一群体。

“富二代”一词自产生以来就带着贬义色彩。对于富二代，人们大多认识到的是他们不劳而获、缺少拼搏精神的消极形象。但是我们也必须看到，富二代中也不乏在父辈事业的基础上取得更大成功之人。富二代的种种负面新闻只能说明该群体中存在的个别现象，并不能代表这个群体的根本特质。

富二代应当树立正确的道德观、金钱观、社会价值观，加强法制教育、社会意识教育。家庭教育作为人的第一教育，对人影响重大。教育方式和教育内容影响孩子的健康成长，其中包括人格的健全发展。而许多企业家虽说是商场上的能手，却未必是家庭教育的能手。因此，我们不能一味将责任推卸在富二代身上。富一代在对富二代进行教育的时候，必须认识到这些问题。

因此我们必须客观地对待富二代这一群体，不能一味地对他们进行指责，要为其营造独立、竞争的社会氛围，创造公平、正义的社会环境。

6. 如何看待大学生“蚁族”

【参考范例】

“蚁族”现象的出现，让我对大学毕业后的生活有一丝恐惧。不过，客观来说，因为我们国家已进入到高等教育“大众化”阶段，每年有近六百万的大学毕业生。这么多大学生都成为社会“精英”是不可能的，更多的同学将成为普通劳动者。大学生成为普通劳动者后，少数同学在成长过程中，要过一段“蚁族”生活是正常的。因此，我们要正确认识这一现象。

有的人认为“蚁族”是弱势群体，我认为并不是这样。他们之所以选择这样的生活，是因为他们心中有自己的理想，哪怕为了实现这个理想暂时过着“蚁族”的生活，他们也不在乎。这种选择自己生活的权利，是应该受到尊重的。我们不应该对他们的生活说三道四，更不应指责他们为什么不去基层工作。

“蚁族”身上有很多优点。他们不怕吃苦，坚持为自己心中的理想而奋斗。对比之下，“蚁族”比“啃老族”和那些无所事事等待救济的人要好多了。过艰苦生活，是优秀人才成长的必经之路。在“蚁族”中，将来一定会出现杰出人才。

我们并不能因为“蚁族”的存在，就否定我们的教育事业。教育的发展对国家建设的推动作用是有目共睹的，虽然存在一些问题，但是没有这几年教育的高速发展，就不可能为社会的进一步发展提供大量的人才支持。“蚁族”现象只是暂时的，相信随着社会的发展，我们会得到更多更好的成长机会。

7. 你怎么看待城市的乞讨现象

【参考范例】

乞讨最初缘于部分贫民迫于生计而选择的生存之道，自古就有。然而，目前城市乞讨者中有的是确实需要救助，有的却是把乞讨作为赚钱的手段。

对于第一种群体，最迫切的是要帮他们摆脱目前的困境，而治本之策就是发展经济。如果我们的经济发展到所有人“老有所终，壮有所用，幼有所长，鳏寡孤独废疾者，皆有所养”，人人衣食无忧，人人安居乐业，就不会有人乞讨。毕竟，乞讨一般是人们不得已而为之的生存之路。

对于把乞讨作为赚钱手段的行为，政府部门必须采取严厉的管制和惩罚性措施，因为这种乞讨行为不仅有损城市形象，更重要的是会造成社会的信任危机。由于其乞讨行为的手段多样化以致真假难辨，民众好心却经常被欺骗，久而久之容易造成“同情疲软”。社会公众会逐渐减少对弱者的同情与救助，最终导致民众信任感下降，以致出现道德水平下降，严重侵害社会的良好风气。如果越来越多的人把乞讨当成发家致富的“金钥匙”，这就是对那些辛苦劳动的人们的一种亵渎。那些组织残疾人为自己乞讨的不法分子若得不到应有的制裁，他们会更加放肆地危害社会。

所以，我们应该区别对待城市乞讨现象，不应一味地驱逐，“堵”并不能解决问题，合理的疏导才是解决问题的根本。

8. 你对农民工有何印象

【参考范例】

现在，进城务工的农民越来越多，农民工为城市的生活提供了很多方便，他们用劳动和汗水推动了城市的发展与建设，是值得尊敬的伟大劳动者。

然而实事求是地说，很多农民工在城市起早贪黑辛苦劳作，到头来并没有得到城市居民足够的尊重。还有一些城市居民更是戴着“有色眼镜”，把他们看成破坏城市文明的粗鲁人、影响城市市容的邋遢人、妨碍城市安全的危险人。

应当承认，由于生活习惯等各方面的差异，有些农民工的言行举止与现代城市文明的要求确实不够合拍，但这并不足以成为歧视他们的理由。如今的城市里，不仅在服务业和建筑业，而且几乎在各个领域都有农民工的身影，他们已成为城市经济发展乃至社会进步的巨大推动力。

城市管理者在系统地推进落实农民工的工资待遇、社会保障、子女上学等系列事宜时，要耐心了解他们的疾苦，给予他们与市民同等的权利。每个人都应在工作、生活上多给予农民工一些关心，让他们尽快融入城市大家庭，为城市发展作出更大贡献。

9. 你赞成在公共场所抽烟吗? 谈谈你的看法

【参考范例】

吸烟有害健康,这人人都知道,但仍有人“明知山有虎,偏向虎山行”。我国有很多烟民,也有很多人正在遭受被动吸烟之害。

在公共场合抽烟,是一种既不文明也不卫生的习惯,不但损害自己,更使别人遭受危害。虽然我国颁布了商场禁烟令,不少城市也颁布了公共场所禁烟的规定,同时在许多公共场所也都贴有“禁止吸烟”的标志,但有些形同虚设,没有起到制约作用。在公共场合随意吸烟,已经成为一种普遍的陋习。

对许多烟民来说,吸烟已经是一种生活方式,是个人打发无聊时间、排解压力的手段。而“敬烟”也被当作是有礼貌的表现和社会交往的需要。一些年轻人甚至认为,抽烟是一种具有美感的行为,男士抽烟比较有男人味,女性抽烟比较有个性。在有些人眼里,“吸烟是我的权利,别人无权干涉”。公共场所禁烟之所以难,正是因为烟民缺乏自律、缺乏应有的公共道德意识,这就使得许多人无辜受害,被动吸进二手烟。公共场所禁烟,不仅事关他人健康,更是一个国家文明和谐的标志。

但是,我国公共场所禁烟问题主要依靠自觉和宣传教育,缺乏有针对性的法律法规。我认为应该对在公共场合的吸烟者,进行一定处罚。

10. 对于留守儿童的问题,你怎么看

【参考范例】

留守儿童问题一直受到社会各界的广泛关注。农村留守儿童出现的问题,不仅会影响留守儿童的健康成长,而且会给社会发展带来严重的影响。

孩子的问题永远关乎未来,如果不及时解决,留守儿童的未来很可能重复“放羊娃”式的循环:父母外出打工,没有父母管,成绩下滑,不想读书,最后只能外出打工。从留守儿童这个群体,我们看到“新一代农民工”,看到“问题少年”。父母为了生计不得不抛下子女漂泊他乡;传统的乡土社会不复存在,乡民们对

这些同乡的孩子缺少关爱；学校在传授知识的同时，也较少给孩子们以心灵的关怀；城市只顾自身的高速发展，将大多数“农民工子女”拒之门外。

“救救孩子”，鲁迅的疾呼曾经振聋发聩。最现实的做法就是城乡政府部门联起手来，为农民工子女进城随父母生活创造良好条件，提供最大便利；针对无法进城的留守儿童，地方政府部门与学校联起手来，建立“儿童活动之家”，从心理、生理、教育、生活等各个方面，给予他们悉心照顾。现在一些大城市开始设立户籍改革试点，如果可以逐步消除城乡二元结构，让留守儿童也可以在城市读书，那么留守儿童将会更健康地成长。

11. 怎样看待《刑法》中增设危险驾驶机动车罪

【参考范例】

对于危险驾驶机动车，特别是酒后驾车的行为确实要严惩。南京的张明宝和成都的孙伟铭先后因酒驾导致严重后果，一审以“危害公共安全罪”分别被判处无期徒刑和死刑。与其他故意危害公共安全的犯罪人相比，酒驾者主观恶意性显然小得多。这样的判决结果虽然安抚了部分民众的激烈情绪，也有效震慑了驾驶员的违法行为，但的确也让部分驾驶员感到不满，因为这不符合刑法主客观相统一的原则。但是如果还仅以交通肇事罪处罚那些酒驾致重大事故的人，不仅因处罚过轻不利于惩前毖后，也会在刑事司法政策上，误导少数人肆无忌惮地酒后驾驶。

所以，适时将危险驾驶机动车罪写入刑法是非常必要的。但是规定危险驾驶机动车罪也要防止打击过宽，比如，针对酒后驾驶行为，建议是三次以上被查出酒后驾驶或两次醉酒驾驶并且造成不良后果，才能被定为犯罪；再比如超速驾驶行为，建议规定超出规定速度80％以上的行为才能定为危险驾驶罪。

总之，危险驾驶罪的设立，既符合现实的需要，也使刑法更加完善。如果能在具体标准上充分征求公众意见，最后确定罪状与罪责，将不仅是宣传文明驾驶的好机会，也可以成为民主立法、科学立法的典范。

12. 你有没有用过盗版产品? 你怎么看待现在的知识产权保护问题

【参考范例】

以前不太了解关于知识产权保护的相关知识,曾经买过一些盗版的书以及音像制品,现在,我已经认识到知识产权是他人智力劳动的成果,应该予以尊重和保护。尤其是在迈入知识经济时代的今天,知识产权的保护更应引起全社会的关注,因为它不仅关系到个人利益,而且直接影响着国家经济的发展。

在社会主义市场经济条件下,保护知识产权对市场经济制度的完善和发展有着重要的作用。以企业为例,它参与市场竞争,一靠形成良好品牌,二靠研发优质产品。在知识经济时代,一个企业只有拥有了自主知识产权、品牌,才能拥有竞争优势。如果盗版、假冒等各种侵权行为泛滥,企业就不会讲信誉、重质量;消费者的利益就会受到损害,不敢买,不再买。没有知识产权保护的市场,终将被生产者和消费者抛弃,是没有发展出路的。

目前,我国知识产权保护的相关制度还不是十分完善,不少地区和领域仍然存在侵犯知识产权的行为,有些还较突出。比如保护知识产权的有些法律规定操作性不强,知识产权保护申诉和诉讼时间长、取证难、赔偿金额低,不利于权利人积极维权。这是当前知识产权保护所面临的主要问题。

但是我们更应该认识到,保护知识产权不仅需要法律与制度的保障,更需要社会各方面的积极参与,才能取得切实的成效。这就要求我们树立全民尊重知识产权的意识,全社会形成保护知识产权的氛围。每个人都从我做起,共同保护人类文明的智慧成果。

13. 当今社会应该凭学历找工作还是凭能力找工作呢

【参考范例】

我认为,当今社会能力比文凭更重要。曾经,凭借一纸文凭就能得到一份好的工作。但是,那个时代已经一去不复返了。为什么现在大学生找工作越来越难? 因为现在招聘单位更注重能力而不是学历。现在招聘单位一般更倾向于招收有工作经验的人，这说明能力比学历更重要。

在当今社会，学历是给别人看的，能力才是自己的，学历再高，如果仅是空有文凭，也不会得到好的职位。退一步讲，就算一时侥幸找到好工作，能力不强，最终也要被淘汰。

当然，我认为重视能力不是说文凭无用。文凭是能力的凭证，是一块敲门砖。在找工作的时候，它能让你的能力更快地被了解。在你没有被别人了解的时候，拥有文凭的确使你事半功倍。但我们的目的并不是让自己"进门"而是让自己做事，做事时当然是能力比文凭重要。从这种意义上来说，凭能力找到的工作比凭学历找到的工作，更有利于自身的发展。

14. 你认为网络词汇应不应该被收入《辞海》

【参考范例】

网络词汇是指在网络的发展和普及过程中，那些创造性地融入了时尚、个性元素并在交流中起着便捷作用的新兴词汇。作为综合性辞典的《辞海》，我认为应该将网络词汇收录其中，但应该有选择性地收录。

我国有一亿多网民，这是一支庞大的队伍，其话语力量不可小视，而且这支队伍还在不断扩大。几十年后，"人人均是网中人"很有可能会成为事实。全体网民参与创造的网络语言，其创造性能量和普及速度不可小视。所以，《辞海》有必要收录网络词汇。但是收录时必须要有一定的原则性，不能盲目地什么都收录。网络词汇的出现和发展，必然会对现有话语系统产生重要的影响。因此，我认为应该将网络词汇有选择性地收入《辞海》之中。

15. 如果现在由学生自己选老师，你会支持吗

【参考范例】

如果学校有一套较好的引导机制，我支持学生自己选择老师。

学生自己选老师可以根据自己的兴趣选择自己喜欢的老师和课程。兴趣是学生最好的老师。学生有了兴趣，才会有持之以恒、坚持学习的动力，才会提

高学习效率。

根据学生的选择情况，也可以衡量老师的教学水平。避免有些老师一心搞科研、拉项目，对教学工作不负责任，敷衍了事。再加上如果开了课，很少有学生选课或没有学生选课，老师也会从自身找问题，改变教学方法，达到教书育人的目的。

我支持学生自己选择老师是有前提的，那就是学校必须有一套很好的引导机制。毕竟学生的人生观和价值观都没有成熟，他们对枯燥无趣的专业基础课的兴趣远比不上对轻松自在的选修课兴趣大。如果完全放任他们由着自己的喜好选择，有可能会影响到学生的专业基础素质。因此，在自主选择的基础上，学校也要对学生的选择进行一定的限制，保证学生不能因个人爱好而偏离既定的培养计划。

16. 你对中国的英语考试有何看法

【参考范例】

我国的英语考试种类繁多。对于学生来说，最具代表性的就是四六级考试。

对于大多数在校大学生而言，在校期间的大部分时间都花在了备考英语上。不可否认，备考可以使学生掌握词汇量和提升阅读能力。但我们做惯了选择题、语法题，在学了十几年英语之后，很多人依然无法顺畅表达自己的想法。

大家对英语考试的重视，催生了英语考试培训这样一个炙手可热的行业。从组织考试收报名费，到开培训班收辅导费，还有出版社、学校印制的辅导资料多得让人难以统计。但是，这种急功近利的考试技巧培训、“一票否决”的考核标准和变了味的考试，除了一纸证书，带给学子的还有什么呢?

很多学生说尽管考试通过了，但是对英语学习的兴趣却降低了。这确实值得我们反思。考试本来只是为了检验学习效果，但是它现在已经被现实化、功利化。现在的英语考试逼得我们过多地去学习应试技巧，而忽视了语言的应用价值，使语言本身的魅力无法发挥，这对学习英语积极性的培养是非常不利的。

17. 你认为各种“门”事件是正常社会现象吗

【参考范例】

我认为“门”事件的广泛传播，并非正常现象。不管是对“门”事件的当事人、炒作的媒体，还是公众，“门”事件都会产生很大的负面影响，应当引起我们的关注。

就“门”的当事人来说，成为该“门派”的“掌门”并不是他们希望的，而是出于某些人的不怀好意。虽然当事人是受害者，但他们的行为也冲击了社会道德，给整个社会尤其是未成年人带来了很坏的影响。也有些“门”事件的当事人只为哗众取宠，比如“索吻门”。其行为被列为“某某门”就说明不被社会认可，有违人的正常行为，归根结底，是源于生活的空虚和思想的浅薄。

和“门”事件的当事人相比，炒作的媒体则起到推波助澜的作用。甚至有些专门用来炒作各种“门”事件的网站和论坛，给热衷于“门”事件的网民提供一个分享的空间。如果说“门”事件的当事人是可悲、可怜、可叹、可气的，那么炒作的媒体则是可恨的。

但是，归根结底，媒体之所以热衷于炒作，主要是因为还有很多人在关注着这些事情。只要公众不再关注，“门”事件就失去它的吸引力，媒体也就不会去炒作。然而对于年轻网民，无法辨别“门”事件的对错，有的甚至认为“门”事件是很酷、很非主流的事情，主动跟风学习、模仿。对此，我们需要学校和媒体对他们进行正确的引导。

18. 你如何看待校园中频发的大学生自杀事件

【参考范例】

个体行为在很大程度上是受其所在群体、社会的影响，受其所属的文化体系的熏陶和左右的。不正确的家庭教育是大学生产生人格障碍与心理缺陷的根源，家庭关系不和谐是导致大学生对生命冷漠、缺乏责任感、遇事容易采取极端行为的重要原因。同时，家庭条件困难是部分大学生产生压力的主要原因。

一些大学生因为自己无法改变这样的客观事实,而选择用结束生命来逃避问题。

减少和预防大学生自杀,总体上来说需要家庭、学校、社会多方面共同协作。但大学生最主要的活动领域是学校,所以学校要肩负起更重要的责任。具体来讲,学校要加强开展生命教育,教育学生珍视生命、保护生命。对学生进行挫折教育、逆境教育,让学生学会在各种非常情况下控制情绪,增强心理承受能力。每年对大学生进行心理健康测试,然后根据测试结果,对显现的或潜在的存在心理缺陷的学生进行心理健康辅导。对于存在严重人格障碍特别是对生命冷漠悲观的学生,要进行及时有效的干预,防患于未然。

19. 怎么看待现在的网络炒作

【参考范例】

网络是当今人们接触最多、使用最频繁的媒体之一。网络炒作既是一种高效的传播手段,也是一种有效的商业行为。

"犀利哥""凤姐""小吴"等人凭借网络炒作一炮走红,成为"网络明星"。另外,作为产品推广的一种手段,网络炒作短期效果明显,但却容易误导消费者,甚至造成无法弥补的后果。

我们应该看到,网络上很多炒作的东西都是片面的。因为人的立场不同,看待问题的角度就不同。公众所看到的是一个事件的碎片,然后站在自己的立场上再来理解现有的碎片,更见其片面性。类似于"凤姐征婚""贾君鹏"事件等,背后有强大的网络推手,这样的炒作越多,网民便会对这些事件越缺乏兴趣,并进一步怀疑该事件,产生对网络的信任危机。

所以每个网民都要理性地对待网络炒作,维护网络的健康和谐。

20. 怎么看熟人越来越多、朋友越来越少这种社会现象

【参考范例】

看到这个问题,我首先想到的是"人与人之间的交往是相互的"。不主动和

朋友联系，却抱怨人情越来越冷淡；把自己封闭起来，却抱怨没人愿意走进自己的内心。你信任别人，别人才会信任你；你关心朋友，朋友自然会关心你。什么是朋友，朋友应该是相互的，而不是只求回报，不愿付出。回过头来想一想，其实真正让我们孤独的是我们自己，我们面对朋友真正敞开心扉，用真诚去沟通了吗？许多时候是没有的，因为我们要处处小心谨慎，或是怕朋友出卖自己，或是其他原因。面对朋友，许多人更多时候是带有功利目的的，而每个人的内心又是渴望结交知心朋友的，于是人们就是在这个怪圈中生活着，一边抱怨着，一边寻觅着。

除了上述个人原因，社会的发展也在一定程度上催生了这种现象。都市快节奏的生活方式和互联网的发展，改变了中国数千年来以血缘、地缘为纽带的人际关系，也改变了以家庭、家族为基础的社会结构。人们流动性更强，更多地处于一种离散状态，因此，人际关系变得复杂而不确定。而这种复杂和不确定，又影响了人们的进一步交往，这也是现代都市人交知心朋友越来越难的原因。

朋友的稀缺，反映出越来越重的社会冷漠心理。社会成员间的诚信不同程度的缺失，让人与人之间的信任感大打折扣，让人们不能不把“防人之心不可无”奉为处世的重要规则。找不着“朋友”，似乎只是社会成员个人的私事；当大多数社会成员在为找不着“朋友”而焦虑时，我们就必须面对和解决这个社会问题。当社会成员一个个变得越来越孤独、越来越不合群，这个社会就会处于“亚健康”状态。

21. 你认为网络对青少年有利还是有弊

【参考范例】

作为信息传输的载体和手段，互联网本身是无可厚非的，它对人产生的影响是利还是弊，关键看使用者怎么利用。使用得当，它对青少年的健康成长会有积极影响，反之，则会造成危害。

就利而言，网络有助于开拓青少年的视野，增加青少年的知识。在素质教育方面，网络会起到传统教育所起不到的作用。网络还可以加强青少年之间的交流，有助于建立良好的人际关系，扩大人际交往的圈子，促进青少年的心理健康发展。

但是,互联网也是一把“双刃剑”,倘若使用不当,它不可避免地会对青少年产生一些不良的影响。比如,由于当前家庭教育、学校教育侧重于学业成绩,学生的学业负担和心理压力比较重,网络极易成为许多青少年躲避负担和压力的“防空洞”,并沉迷其中不能自拔,恋网成瘾。而且它还能弱化青少年与真实世界交往的能力,引发网络自闭症和人际信任危机。

所以,我们应该理性地看待网络对青少年的影响,对“利”发扬光大,对“弊”则要改进。二者都不可忽略。既不能因为它的积极因素而放任不管,也不能因为它的负面因素而因噎废食。我们不能够让我们的生活和网络相隔离,毕竟网络发展是未来不可遏止的趋势。与其被动地去否定,还不如思考如何更好地利用它,让它成为我们生活和学习中的有力工具。和其他新生事物一样,网络有其自身的局限性。我们需要清醒地认识它,培养良好的自制力,而不要把由于自己的不当利用而造成的后果归咎于网络。

22. 如果把幼儿教育纳入义务教育之中,你认为可行吗

【参考范例】

近年来,幼儿园的“高收费”几乎已成为一种普遍现象。但是,这种高额的幼儿教育,会不会提供高水平的教育却让人很迷茫。

现代社会,父母多数工作繁忙,不可能为了孩子放弃工作,因此只能将孩子送到幼儿园。

幼儿教育是成人教育的基础,直接影响到幼儿的成长和发展。所以,把幼儿教育纳入义务教育是一个很人性化的考虑。只有孩子健康地成长,祖国才会有美好的明天。

幼儿教育不可小视,有一个好的启蒙教育,后期的教育才更易进行。所以,作为国家基础教育部分的幼儿教育,不应该被排除在义务教育之外。

23. 谈谈你对教育公平的看法

【参考范例】

教育公平是社会公平的基础，是实现社会公平最重要的手段，通过教育可以改变那些处于不利地位的人群的生存状态。所以，教育这种促进社会平等的功能，决定了教育公平不但是一种美好的社会理想，也必须成为现代教育的基本理念。然而遗憾的是，在现实生活中，我们依然看到了种种不公平的现象：当一些山区的学生在高中校园里起早贪黑、挑灯苦读时，一些大城市的学生却悠闲地享受着生活；当一些高校拿着国家高额的教育经费大盖高楼时，更多的高校却没有经费引进师资、修建校舍、改善环境。

政府已经意识到了教育不公问题的严重性，并开始制定一些政策来解决。比如在义务教育阶段对农村家庭贫困的学生实施“两免一补”，加大对高校贫困学生的扶持力度。我认为要彻底解决这一问题，必须站到教育资源配置的高度上，改革教育规划、政策、管理体制，建立合理的教育决策机制，提高决策水平。

只要教育改革深入进行着眼于最广大人民的根本利益，着眼于国家社会的可持续发展，教育公平问题一定会得到妥善解决。

24. 对于中国传统的拜年习俗，你持怎样的态度

【参考范例】

每逢春节，我的父母都会带我回老家过年。拜年成了过年不可缺少的一部分。传统的拜年就是过年的时候走出家门去拜见亲戚、朋友，以吉祥语向对方祝贺新年。这种传统的方式不仅充满了温情，拉近了人与人之间的感情，增添了热闹的节日气氛，而且也是对尊老爱幼这一中华民族优良道德传统的继承。

但遗憾的是，随着电话、短信、网络贺卡、微信等新型拜年形式的兴起，近些年来，有些年轻人似乎对传统的拜年方式失去了兴趣。拜年队伍中年轻人越来越少，拜年似乎成了中老年人的专利。这些新兴的拜年方式确实方便了很多，

但在传送感情、表达祝福方面却要逊色于传统拜年方式。以微信拜年为例,拜年微信一般都是群发,很多人收到别人的祝福信息后直接转发给自己的朋友,有的甚至连后面的署名都忘记修改。

所以,传统的拜年方式有不可替代的优势:传统拜年更加庄重,体现着浓浓的亲情与友情,对建立和谐的人际关系更有益处。现在社会生活节奏越来越快,过年这几天,正好可以借助传统的拜年方式看望久未谋面的亲朋好友。

25. 谈谈你对大学生因求职而整容的看法

【参考范例】

就一个人的相貌来说,如果不是必要,不要妄加修补。毕竟,整容存在一定风险。例如上海某大学一个女生为求职花了 2 万元去整容,结果出了医疗事故,整容变成了毁容。这不仅耽误了找工作,还对自己的生活造成了不可弥补的影响。

既然有这么大的危险因素在里面,为什么还有那么多人去整容呢?这个问题值得我们深思。每个人整容的目的不一样,其中一部分人是为求职而整容,抛开社会的因素不说,这种做法其实也是大学生不自信的一种表现。

其实,对求职者来说,在职场上竞争的资本是品德、学识和能力,而非容貌。求职能否成功,关键是看自己有没有真才实学。单位招聘更看中的是个人的工作能力,是你为公司创造的价值。美貌或许可以帮助你有个好的开端,但日后漫长的职场路却需要凭自身的本领去打拼。此时容貌就退居其次,才能和品质才是第一位的。

因此,将职场命运与个人相貌联系在一起,是一种不成熟的想法。大学生求职,应把主要精力放在如何提升自身的内在实力上,不宜在外在相貌上过多地花费心思。

26. 谈谈你对人造美女的看法

【参考范例】

最近，“人造美女”无疑是最热门的词汇。从中国第一人造美女郝璐璐，到参加选美引发争议的杨媛，追求人造美已有成风之势。在轰轰烈烈的造美风潮面前，人们对人造美女褒贬不一。我觉得，人造的终归是不自然的。

美女不仅要有姣好的相貌和苗条的身材，同时还要拥有智慧。所谓秀外慧中，只具备“秀外”只是花瓶，“慧中”才是最主要的。无论古今中外，美与善、美与真都是不可割裂的。失去了善，美也会变得丑陋；离开了真，美也就成了欺骗。

古希腊的德谟克利特说过：“身体的美，若不与聪明才智相结合，是某种动物性的东西。”柏拉图也说过：“应该学会把心灵的美看得比形体的美更加珍贵，如果这是一个美的心灵，纵然他在形体上不甚美观，也应该对他爱慕。”

但是，反观人造美女，她们在有明显先天性缺陷的地方进行了修补，使外形获得了改观。这种改变使其恢复了自信，积极生活，在某些程度上具有一定的积极意义。但是，这种做法却无法改变她们内在的气质和修养。所以，要想成为真正的美女，重要的还是先从内心的修养开始。

27. 关于公务员报考热，你如何看待

【参考范例】

近些年，就业难加上公务员职位的稳定性与收入的可观性，公务员报考越来越热。

在房价、物价等费用居高不下的今天，相对于企业而言，公务员待遇较好、工作稳定，成了很多人眼中“铁饭碗”“安定”“体面”的代名词。除此之外，国家公务员在住房、医疗等方面也能享受到更多的福利待遇。

除此之外，就业难也是公务员报考热一个极为重要的原因。随着高校的迅速扩招，每年毕业生群体不断增大，他们面临着毕业即失业的窘境。同时，许多

深感工作压力大或工资待遇低的社会在职人员，也感受到了企业工作的不稳定性，希望借公务员考试改换工作。

其实，公务员报考热并不可怕，可怕的是就业不充分问题，让莘莘学子学有所用、回报社会才是更重要、更关键的问题。我期待着有一天，人们对于公务员的热情，是真正来源于“人民公仆”这四个字的感召，而不是附加了众多其他因素。

28. 如何看待社会上对女性就业的歧视

【参考范例】

求职时，用人单位对女性的就业歧视随处可见。如果男女处在相同水平上，很多公司可能会选择前者。女性必须要比男性优秀，胜出的把握才大些。

出现这种现象，并不是因为女性不能胜任这些工作。正如一些招聘者坦承：“这些工作让女性来做当然也是可以的，但是前来应聘的女生大多处于婚育年龄，工作不了几年就要怀孕、生育，精力大都放在家庭而不是事业上了，但她们的待遇却和男性一样，因此我们更愿意招聘男性。”显然，这是用人单位在规避本应承担的社会责任。女性身负生育子女的责任，本应得到全社会包括用人单位的支持和帮助。可一些用人单位只考虑自身的经济效益，认为女性生育会影响单位工作，或者对女性的工作能力有所怀疑。这也是社会上一些用人单位对女性就业歧视的一个原因。

女性就业受到歧视很大程度上也与法律规定的漏洞有关。在以往的法律政策中，也有类似“不得以性别为由拒聘妇女等方式侵害其合法权益”的内容，但由于缺乏可操作的具体措施，特别是对“不适合女性岗位”界定的模糊，现实中这种“不适合”被人为扩大，常常成为用人单位拒收女性的借口。

显然，要消除社会对女性就业的歧视，可以通过立法的方式明确“不适合岗位”的具体范围。这样做一方面有利于保护女性的特殊权益，例如可以避免其从事高强度、高危险的工作；另一方面也是对女性就业权的保护和尊重，让广大女性真正拥有反对就业歧视的具有可操作性的法律武器。当然，要真正消除对女性就业的歧视，必须从观念上改变对女性的偏见，否则就不可能真正做到男女平等。

29. 怎样看待全面放开二孩政策

【参考范例】

党的十八届五中全会公报中提出，全面实施一对夫妇可生育两个孩子政策，即二孩政策全面放开。这是一项符合我国国情的利国利民的好政策。

第一，全面放开二孩可以有效缓解我国今后几十年所面临的人口老龄化和劳动力缺乏等社会问题。众所周知，中国人口老龄化速度快、程度高，新增劳动力人口逐年降低，由此带来的养老难、招工难问题已日益严峻。“单独二孩”已无法缓解中国面临的人口危机，全面放开是当务之急。

第二，全面放开二孩有助于家庭结构的合理化搭配。近些年，独生子女家庭结构不合理的负面效应集中凸显，养老、子女教育甚至独生子女本人的个性发展都已成为社会问题。从社会保障角度来讲，独生子女家庭是高风险家庭，风险性就在于唯一性。现在愈加引发社会关注的失独家庭就是该风险下的牺牲品。因此，全面放开二孩，对优化家庭结构有正面、有效的作用。

第三，全面放开二孩对经济发展有拉动作用。短期来看，一波新生儿的出生肯定会促进婴幼儿市场的发展，而从长远来看，随着时间的推移，这个作用会越来越明显。此外，随着新生人口的增加，教育、医疗、住房等领域的需求势必也会增加。

因此，为了中国的未来，为了人民的幸福，国家调控人口结构，全面放开二孩，是合情合理的。

30. 如何看待孩子逼迫二胎母亲打胎现象

【参考范例】

自从国家全面放开二孩政策，我们就经常会被“孩子逼迫二胎母亲打胎”这样的新闻冲击眼球，很多人不禁提出这样的疑问：为何现代的孩子变得如此自私?!

其实，从生物学的角度讲，自私的基因是天生的，这是一种与生俱来的自我保护的表现。例如,家里同时养了两只宠物,如果主人对一只宠物特别好的话,另一只宠物就会不高兴。同理,我们情感丰富的人类更是如此。这是一种客观存在的自然规律。作为家长不能一味地苛责孩子,而应该反思在孩子的培养和教育上出现了什么问题。

首先,打胎这件事情对母亲的伤害是最大的,不仅是身体上的伤害,而且是心灵上的创伤。任何人任何事都不能阻挡一个女性怀孕,这是女人的合法权益,然而这位母亲却要面对手足相残的事实,伤痛可想而知。但是,这在很大程度上是母亲自食了平时过于溺爱孩子的恶果。

其次,父亲在孩子成长的道路上,扮演着重要的角色。古语言:养不教,父之过。父亲对孩子的性格养成非常重要。如果一个孩子有如此自私极端的性格表现的话,可见父亲在这个家庭中没有起到应有的作用。

最后,孩子逼迫二胎母亲打胎这件事情,错在父母,却为此连累了一条小生命,所以作为父母,为了孩子的身心健康发展,平日里一定要对孩子严加管教,同时注意疏导孩子的自私心理,慢慢让孩子学会在分享中收获比自私更多的乐趣。

所以说,我们首先应该理解头胎子女在这个过程中所承受的压力,同时父母要进行合理分工,做好家庭财政收支的规划预算,创造与头胎子女更多交流互动的机会,全家才能顺利度过这一过渡期。

31. 如何看待高考文理不分科

【参考范例】

高考文理不分科作为教育领域高考改革的重大举措,引起了社会的广泛关注,其中不乏很多反对之声,认为文理不分科加重了学生的学习负担,同时也给孩子造成了更大的心理压力,不利于学生心理的健康发展,而且,文理不分科也致使很多学生不能明确自己的发展方向,从而很容易出现选错大学和专业的情况。

但是从长远角度看,文理综合是高考改革的必然趋势,是一项利国利民的好政策。第一,从体制建设来看,国家要改革统一高考,实行文理不分科,有助于统筹高考和高中学业水平考试各自的功能定位，有助于教育体制的完善和发展，有助于高中学业水平考试制度趋于科学合理。第二，从制度改革来看，实行文理不分科将显著扭转应试教育倾向，为亿万学生提供多样化的学习选择和成长途径，构建衔接沟通各级各类教育、认可多种学习成果的人才成长“立交桥”。第三，从人才培养来看，实行文理不分科，学生的学习将会更加全面，通过文科陶冶情操，理科学习技能，才能培养出综合性的人才，适应社会发展的需要，为我国社会主义现代化建设作出应有的贡献。第四，从文理分科的实际效果来看，分科降低了民族的整体素质，也导致了我国科学精神和人文情怀的分离，而文理不分科正好弥补了这一点。所以说，取消文理分科，提倡文理不分科是大势所趋。

32. 谈谈你对高考加分“瘦身”的看法

【参考范例】

教育应该是基于公平的事业，尤其是在目前的高考指挥棒下，分数依然是大学录取的主要标准。不同的分数决定了一个学生的未来命运，影响着一个家庭的喜怒悲欢，也往往成为公众了解和评价大学的依据。所以说对于高考加分“瘦身”政策的提出，我们是支持的。

教育公平关系发展正义，教育质量关系国家竞争力。高考既要体现选才用才的效率导向，同时也要兼顾公平，给更多的考生进入理想大学、成才成长的机会。高考加分项目固然有其存在的合理性、正当性，但是设立这些项目的目的是为了选拔真正的特殊优秀人才。也只有切实做到公平，才有可能体现加分政策本身的关怀照顾和选才用才的功能。而至于一些政策性加分项目，本来就是针对特定时空下的考生群体采取的倾斜政策。随着社会的发展，各方面因素的变化，因时因地予以适当地修改也是体现公平、体现政策本意的必然之举。

教育不公平对人生的伤害是显而易见的，对于那些孜孜求学、奋斗多年的莘莘学子来说，一分之差可能就是天渊之别。在考生心中，如果夹杂了不管是灰色操作的不公平还是政策制度本身的不公平，对高考制度本身的公信力、权威性也都是难以弥补的伤害。所以说，高考加分“瘦身”，为考生的公平可能提供了更大的空间，也为高考制度本身“加了分”。

33. 针对女大学生裸贷问题谈谈看法

【参考范例】

所谓“裸带”是指“裸条”借贷,指的是女大学生们以“裸照”作为抵押物,当发生违约不还款时,放贷人以公开裸照和与借款人父母联系的手段作为要挟逼迫借款人还款。

对这一不良行为,首先应该批判的是当事人女大学生们。我们中国人讲面子、重名誉,对于女性而言更是如此。但是,有一部分女大学生,她们甘愿拍下裸照和不雅视频,承担面子和名誉扫地的风险,为的只是借到几千块钱购买电子产品、化妆品,支付旅游或谈恋爱等的花费,这是一种价值观、人生观的极度扭曲。其次,对于这一恶性事件,网贷平台也负有不可推卸的责任。

对于女大学生“裸贷”引发的一系列悲剧,无论是家庭还是社会都应该反思。有种说法,叫作女孩要富养,这里的富养不只是物质方面,更重要的是精神层面。也就是说,父母要帮助孩子建立自信,培养孩子的自我认同感。富养女孩之所以比男孩更重要,是因为在这个年纪,女孩正处于最美好的阶段,所面对的诱惑也多于男孩。所以对于父母而言,帮助自己的孩子及时建立起正确的价值观和人生观是至关重要的。

政府相关部门也要加大对不良网络平台借贷的监管力度,建立校园不良网络借贷日常监测机制,密切关注网络借贷业务在校园内的拓展情况;同时也要建立校园不良网络借贷实时预警机制以及校园不良网络借贷应对处置机制等。针对校园借贷,全社会也应形成统一意志和行动合力,要调动公安司法机构、大学管理部门、社会民众力量等一切可以调动的力量,向“校园裸贷”这颗金融毒瘤毫不留情地开刀,让其无处遁形。

34. 春节应不应该给孩子发红包

【参考范例】

每逢春节,长辈给孩子压岁钱是中国人的一种习俗,因为中国人喜爱红色,因此把压岁钱用红纸包起来象征着吉祥如意、红红火火，所以又称“红包”。我认为春节时长辈给孩子发红包是一种亲切的祝福和美好的祝愿，不应该禁止。

春节发红包是一件具有仪式感且富有人情味的好事，只是不能把这份爱和祝福的表达与红包内的面值、数字挂钩，否则就会演变成为一种攀比和竞争，本来富含的温暖亲情也就变了味。所以说，长辈给孩子发红包时要注意以下几点：

第一，红包数额要适度，不要攀比。给孩子压岁钱，表达的是一种美好的心意，切忌互相攀比。如果长辈总是给孩子大数额的压岁钱，还没有较强的理财概念的孩子，很容易养成错误的消费观，对孩子以后的发展造成不良影响。

第二，给红包时祝福、创意不能少。长辈可以把红包藏起来，让孩子自己去找，或是除夕晚上把红包压在孩子的枕头下，让孩子早上一睁眼就能看到红包，寓意着新的一年有新的开端。同时，在孩子拿到压岁钱时长辈一定要说喜庆祝福的话，这些做法都能够赋予这一行为本身以文化内涵。

第三，家长要专门给孩子准备一个储钱罐。家长监督孩子把压岁钱放到储钱罐里，并帮助孩子写下购物清单，鼓励孩子用压岁钱去购买书籍、学习用品，教给孩子有计划、有目的的消费。

以上这些做法，最大限度地抹去了春节给孩子发红包时所传达的庸俗化标签，使其转变成了一件有意义、有价值的事情。

35. 公共场所燃放烟花爆竹应该被禁止吗

【参考范例】

公共场所是指人群经常聚集、供公众使用或服务于人民大众的活动场所，例如学校、公园、电影院等都被视为公共场所。由于烟花爆竹是以火药为主要原料而制成的，通过燃烧或爆炸，产生光、声、色、型、烟雾等效果，存在很大的不安全性，所以公共场所要禁止燃放烟花爆竹。

公共场所燃放烟花爆竹的危害有：容易引起火灾，造成人员的大量伤亡；环境污染严重，而且这样的危害是长期的，烟花爆竹在燃烧过程中所产生的气体不仅会刺激人的眼、鼻、喉、肺等，造成人们身体的疾病，还会形成酸雨，腐蚀建筑物，造成鱼虾死亡；同时燃放烟花爆竹还是一种噪声污染，对人的心理、生理活动都有较大的影响,通常单个鞭炮的响声都超过了120分贝,对人的听力有严重的损伤。

但是,燃放烟花爆竹是中国几千年来的节日传统,能够烘托节日气氛,表达人们对新一年的祝愿,所以不能完全禁止。我们可以通过加强安全监管力度,推进烟花爆竹行业标准化进程,研发新型环保产品,加强安全意识教育等手段解决这些问题,使烟花爆竹行业走上良性发展的道路,也使人们能够过上健康、安全、热闹的春节。

36. 怎样看待延长退休年龄的问题

【参考范例】

近几年,人们围绕是否延长退休年龄的问题争论不休,从我国目前所面临的现实情况来看,延长退休年龄已经是大势所趋,主要有以下几个方面的原因:

一是目前我国面临严重的老龄化危机,政府养老负担日益加重。我国人口平均预期寿命从解放初期的50岁提高到现在的72岁,这给国家带来了沉重的养老负担。随着经济的发展,生活水平的不断提高,养老金标准也越来越高,国家的财政负担也越来越重,延长退休年龄能够缓解这一困局。

二是国家老龄化加速,供养比例将进一步恶化。中国现在的生育率过低,低生育率会导致人口负增长。在人口总量减少的同时,退休人数却在不断增多,这将导致中国人口的年龄结构不断老化。而年龄结构的不断老化则意味着劳动力的严重短缺,随之国家将无力负担养老金计划,养老金支出也将大幅减少,在这种情况下,延长退休年龄是改善这一状况的最好举措。

三是延长退休年龄有利于让那些身体健康、学历高、经验丰富的人继续发挥余热。特别是一些强调经验、技术等的职业,如教授、医生、科研人员等,如果他们身体足够好,让他们继续发挥余热,多多指导年轻人,传授经验,有利于年轻人的成长。

综上所述,实施延迟退休政策,势在必行,但需切实考虑实施的时机。政府要做好相关的引导和安抚工作,一切以人民的利益最大化为宗旨,使普通民众能够正确认识这一项新生政策的优越性,能够从大局出发,在减轻政府负担、减少社会压力等方面多作贡献。

37. 如何看待空巢老人现象

【参考范例】

近年来，“空巢村”成了社会舆论热点。在这些村子里，住的都是上了年纪的老人。他们默默生活，每天期盼着儿女们能回家看看。很多老人无人照料，生病得不到及时治疗，压抑情绪也无法排解。“出门一把锁，进门一盏灯”就是这些老人最真实的生活写照。

中国素有“百善孝为先”的传统美德，然而如今忙碌的生活节奏、沉重的生活负担逼迫许多年轻人背井离乡外出拼搏，老弱妇孺留守家中。逢年过节，家里冷冷清清，甚至有的老人出现轻生的念头。

针对这一越来越严重的社会问题，政府一定要重视。首先，政府要进一步加大养老投入，完善社会养老体系。对于居家养老的空巢老人，政府应该多购买一些养老服务，多组织一些志愿活动，让那些没有子女或子女陪伴不足的空巢老人得到更多的帮助、照顾和关怀。其次，社区、村居等基层组织也应该把协助照顾空巢老人作为一项重要工作，调查清楚本区域内空巢老人的身体健康状况、经济来源、子女陪伴等基本情况，据此调剂、分配社会养老服务资源。最后，积极开展与空巢老人结对子、为空巢老人找朋友、让空巢老人有“近邻”等活动，引导安排空巢老人多参加一些集体联谊活动。

老吾老以及人之老。照顾空巢老人，帮助空巢老人排遣空虚和寂寞，不仅仅是政府和社会的责任，老人的子女们更应该尽一份孝心，抽空常回家看看，让我们的父母能够幸福快乐地度过晚年生活。

38. 谈谈你对“双十一”购物狂欢节的看法

【参考范例】

一般意义上的“双十一”是光棍节的意思，但是经过电商的成功包装后，“双十一”被赋予一个全新的意义，即“双十一”全民购物狂欢节。这一天成了商家的制胜法宝、购物者的人间天堂，同时也成为销售商、供应商和物流商的必争战略要地。发展至今,“双十一”的销售数据越来越耀眼,越来越多的消费者被卷入这股购物洪流中,然而,其背后存在的问题也十分突出。

一是出现虚假报价,商家信誉不高的问题。网络市场准入门槛较低,难免混进一些不良商家,虚假报价、雇人刷单、以次充好的情况时有发生,严重损害了消费者的权益。二是物流爆仓,订单混乱。由于快递物流行业的发展水平与其市场需求之前存在差距,“双十一”面临的一个严重问题就是物流爆仓。由于当天的交易量特别大,许多快递公司不能及时处理订单,甚至会出现包裹丢失的情况。三是支付的安全性存在很大隐患。当今时代网络越来越发达,很多用户都在使用支付宝,有些不法分子会趁“双十一”期间,黑入支付网站,骗取消费者的钱财,引起消费者对网购资金安全性的担忧。

对于“双十一”购物狂欢节存在的问题,我们提出以下对策:第一,建立健全专门针对电商的法律法规,对电商进行制度化管理培训,规范其行为,营造良好的网上购物氛围。第二,快递物流行业应提高物流基础设施建设,跟上市场需求的步伐,加强人才培养,提高工作效率。第三,保障支付安全,扩大及完善支付消费系统,尽量减少“双十一”当天支付系统瘫痪的问题,让消费者安心、愉快地购物,体验不出门就能买到东西的便利。

所以说,为了使“双十一”这个购物节能够健康持续地发展,电商和政府管理部门要采取应对措施,共同营造良好的网上购物环境。

39. 如何看待朋友圈中的微商现象

【参考范例】

微商大多是依靠熟人、半熟人社交关系从移动社交平台自然生长出来的商业形态。微商的兴起提高了就业率,推动了社会经济的发展;从微商个人角度讲,有利于提高他们收入以及幸福感。

但是,朋友圈里微商引发的问题也不少。微商在朋友圈里卖货的付款方式是由买卖双方共同商定的,这种交易属于个人交易,没有第三方的参与、担保与监督,商品是否真实或质量是否过关,都不能保证。一旦遭遇熟人“损友”,买家通常会顾及情面,选择沉默,个人权益得不到保障。再者,微信朋友圈属于社交平台，一旦和朋友发生商业行为，会遭到朋友圈的抵制，从而影响朋友间的友好相处，还可能使个人信誉受损，从长远角度看是得不偿失的。

当今社会，微信已经成为人与人之间交流的主要工具，我们的朋友圈里也不免会有做微商的朋友，对于这种现象我们要理智对待，不要轻易相信别人精美的言语，更不要被那些华丽的言语所怂恿而盲目地去花钱。俗话说得好：君子爱财，取之有道。作为微商，也要树立正确的人生观、价值观，诚信为本。从长远来看，随着交易平台的完善，需要国家出台相关法律法规来规范微商的交易行为，才能使微商健康发展下去。

40. 谈谈你对“中国梦”的理解

【参考范例】

“中国梦归根到底是人民的梦，必须紧紧依靠人民来实现，必须不断为人民造福。”2012 年 11 月 29 日，习近平总书记在参观《复兴之路》展览时发表重要讲话，首次提出“中国梦”。“中国梦”的内涵是实现国家富强、民族复兴和人民幸福。这个梦想，凝聚和寄托了几代中国人的夙愿，体现了中华民族和中国人民的整体利益，它是每一个中华儿女的共同期盼。历史不止一次地告诉我们，个人命运和国家命运息息相关，国好则家好，人民才会好！

所以说，“中国梦”的实现需要我们大家的共同努力，作为新时代的年轻人，更应不辱使命。我们要学好知识和技能，树立远大的志向和目标，以坚忍不拔的拼搏精神，承担起人才强国的重任，为实现我们国家的伟大复兴出一份力。

中国精神、延安精神、雷锋精神是我们这一代年轻人实现“中国梦”的精神动力和灵魂支柱，我们要认真学习并弘扬这些精神，让自己更加满怀信心地为实现“中国梦”而奋斗。

41. 如何看待食品安全问题

【参考范例】

俗话说：“民以食为天”，吃饭是中国人最关心的事情之一。然而当前，国人的食品安全却出现了大问题，地沟油、工业原料、黑作坊加工、肉类造假等层出不穷，令人十分担忧。

食品安全问题的原因是复杂的，既有生产者的原因，也有消费者和监管者的问题。

第一，源头控制不严，生产者缺乏社会责任感，一心向钱。在生产过程中，由于采用严格的质检标准必然提高成本，所以在追求利润的贪婪之心的驱使下，食品的质量问题很难保证。

第二，消费者缺乏食品安全意识。很多人在购买食品时，安全意识淡薄，往往只图便宜，不顾及食品的质量、卫生问题。

第三，管理有问题，执法部门不作为。中国的食品监管一直采取分段管理为主、品种管理为辅的方法，在实际操作中，经常会出现重复执法或是相互推诿的现象，而且执法部门还对一些食品采取免检处理，这些都让不法分子钻了空子。

第四，法律法规体系不健全。现有的一些食品安全标准偏低，甚至远低于国际标准，还有许多重要的标准至今尚未制定出来，这些都造成了食品安全的隐患。

那我们怎么解决食品安全问题呢？首先要完善监管体制，把监管触角延伸到社区、乡村等容易被忽视的地方。其次，要改变观念，普及食品安全新知识。再次，要完善法制建设，加强惩罚力度。最后，要强化对食品源头污染的治理，切实保护和改善农业生态环境，从根本上杜绝有毒有害物质对农产品的污染。

42. 谈谈你对“碰瓷”的看法

【参考范例】

由于近年来频频出现好心助人却反遭讹诈的新闻，导致社会上不断发生“没有监控视频和目击证人，就不敢做好事”的窘境。不敢伸手助人的恐惧已经成为一种深深的信任危机。

孟子说“人性本善”，当看到别人面临困难时，及时伸出援助之手，是大多数人的选择，也是人性向善本能的表现。公交车上，主动为孕妇让座，已成为大多数人的习惯。“最美司机”“最美妈妈”“最美老师”等最美现象在各地不断涌现。所以说，伸张正义、明辨是非、见义勇为、乐于助人是社会主流价值意识形态，纵观中外数千年的历史，这些都是推动人类文明进程的重要因素。越是信任缺失、“好人难做”，就越需要有人坚守自己的道德理想，为社会增添正能量。

我们每个人都有老年亲属，总有一天，我们也都会变成老人，如果人们心中的信任危机永远持续下去，再也没人愿意迈出救人的那一步，那么最终受到更深伤害的还是我们自己。每个人心里都有颗道德的种子，助人是理所当然的事情，但是为了不让“瓷”得逞，我们也要擦亮自己的眼睛，同时需要有关的法律法规对助人者进行“护航”，只有这样，才能让救人者与被救者之间解除“信任危机”。

43. 对于医患关系紧张问题，你怎么看待

【参考范例】

医患矛盾已经成为当今中国社会的焦点问题，由此引发的一系列医患纠纷越来越多。为什么中国的医患关系会如此恶劣，我认为主要有这么几个原因：

一方面，是医患双方信息不对称，广大民众对医疗服务的认知普遍存在差别。由于医患双方对医学知识甚至一些健康常识存在巨大的信息鸿沟，双方对病症、药效、医治方法及医疗服务有着完全不同的认知，这种分歧放在拯救生命这种沉重的事件上，就很容易引发信任危机。另一方面，医院的市场化，直接导致医患关系紧张的加剧。现在的医院必须通过市场来增加自身收入，所以部分医疗机构就会给患者提供一些不必要的医疗服务，如多开处方、开昂贵药品等，这也为医患关系的紧张埋下了祸根。

医患关系问题是影响社会和谐发展的大问题，我们一定要予以重视。政府应加大对公共医疗服务的投入，缓解医疗机构的经济压力，扭转医疗机构过度市场化的局面，从而解决以药养医、无用检查、过度治疗等一系列问题。另外，有关部门要尽快制定维护患者知情权的司法实施细则和医疗事故的责任认定细则等条文，从根本上保护医患双方的利益。

44. 如何看待景点宰客行为

【参考范例】

随着人们生活水平的提高,周末或节假日选择外出旅游的人明显增多。每个人在出门之前,都希望自己在旅游时能尽情欣赏美景、享受美食,缓解生活中的紧张节奏,让疲惫的身心来一场彻底的放松。但是,很多游客却会遇到"被宰"的现象,例如青岛大虾38元一只、哈尔滨万元鱼事件等。这种糟心的事情不但破坏了游客的心情,而且还会给游客留下严重的心理阴影与创伤。

景点宰客行为频频发生有多方面的原因。一般景区离市区较远,很多店家是当地农民,他们很容易形成价格联盟,哄抬物价,垄断经营。另外,景点宰客与地方保护主义有很大关系。很多旅游景区的执法人员就是店商的保护伞,遇到欺客行为,不但不为消费者主持公道,有些甚至对消费者进行威逼恐吓,很多消费者只能吃个哑巴亏。

针对景区宰客行为,地方政府应该负起监管责任。主动出击斩除景区利益链,加大处罚执法力度,发现一起宰客行为,就对店家进行几倍甚至几十倍的重罚,同时让店家永久不得再开业,同时公安机关也要介入宰客这种行为的处罚。

地方政府应破除景区利益链条,并引进更多外来开发商,营造科学、合理的竞争环境,真正将对景区宰客行为的处罚力度落到实处,才能从根本上杜绝这一行为的发生。

第六章　文艺热点类

1. 有人呼吁恢复繁体字，你怎么看

【参考范例】

近年来，社会各界对是否要恢复使用繁体字的问题，一直存在争议。我认为繁体字有其存在价值，但目前来说，要恢复繁体字仍有不妥。

首先，繁体字难写、难学，简化字易学、方便。简体字更易于书写和掌握，有利于提高国民的文化水平。

其次，由繁到简是文字发展的规律。纵观汉字形体结构的发展历程，简化是总的趋势，从甲骨文到金文、篆书、隶书直至楷书，都是对前代文字不同程度的简化。

再次，使用简化字顺应了文字从简、从俗两大原则。我国20世纪五六十年代推行的简化字绝大多数都是社会成员约定俗成的，很多是采用民间长期流行的俗字、简化字，只作收集整理和一些必要的修改，一般不擅自造字，所以较容易在群众中推行。

最后，将使用了近50年的简化字改回繁体字，浪费人力、物力、财力。恢复繁体字需要付出很多成本，几十年的简化字教育也将付之东流。面对来势迅猛的信息革命，进一步实现汉字的规范化、标准化才是当务之急。

总之，我认为尽管简化字有不尽如人意之处，但它已经成为社会大众文化传承和记录的工具，必须保持稳定。

2. 有人建议把经典诗词谱写成流行歌曲,你怎么看

【参考范例】

将经典作品通过流行歌曲的方式表现出来,请明星演唱国学经典,应该说是一种可行的传播方式和传播渠道。我个人认为,有以下几个好处:

一是可以促进经典作品的迅速传播。经典诗词的语言离现代较远,而流行歌曲是大众文化的重要组成部分。让流行音乐成为传统文化的载体,实际上就是把传统文化与时尚元素进行有机结合,显然会增强传播力度。同时,还可以借助明星的号召力和人气来传播传统文化。

二是可以提升流行歌曲的内在品质。现在的流行音乐,部分流于肤浅和无病呻吟。将文化经典注入其中,无疑会使流行音乐的内涵得到提升,使其厚重起来、丰富起来。

将经典诗词谱成流行歌曲传唱已有成功经验,如苏轼的《明月几时有》等。实际上,许多经典诗词本来就是起源于古代社会生活的一些歌唱曲目。有机整合经典国学诗文和流行音乐,还有一些路要走。但这无疑是思维和形式的一种创新,我们不妨多给它一点宽容和时间,让其接受实践的检验。

3. 明星代言广告的是与非

【参考范例】

无论是在电视、报纸还是在海报上,随处可见明星代言的广告。用明星代言广告,已经成了企业一种重要的宣传方式。

明星代言,对企业和明星是双赢的。对于企业来说,利用明星效应,不仅可以扩大自身的知名度和影响,还能利用消费者对明星的喜爱将感情转移到品牌上。明星代言,无疑是企业推销产品的好途径。对于明星来说,巨额广告费让他们收入不菲。随处可见的广告也能够帮助明星走进千家万户,提升知名度。

明星代言,对消费者来说有利有弊。明星代言不乏深受消费者欢迎的成功案例,但近年来明星代言虚假广告的事情也屡见不鲜。赵忠祥、葛优的虚假广

告受人诟病，事件曝光后，很多人对明星代言提出了质疑，并认为明星代言产品不实应受到法律制裁。

总之，我认为明星代言广告是一把双刃剑，既有积极的一面，同时也存在消极的一面。明星作为社会公众人物应该具备一种社会责任感，要为自己的行为负责。而我们在选择商品时也要擦亮双眼，仔细辨别。

4. 如何看待重拍经典热

【参考范例】

时下，重拍经典早已不是新鲜话题。无论武侠剧、琼瑶剧还是红色经典都有过重拍。就四大名著来说，新版的《三国演义》《红楼梦》《西游记》和《水浒传》陆续上演。

重拍经典，从来都是一条经久不衰的艺术之路。好莱坞就有很多重拍自己的经典作品的例子。尤其是一些名著或历史题材，由于有丰富的故事素材和广泛的观众认知度，往往成为重拍的热点。经典之所为经典，正在于它的百读不厌，所以重拍经典永远都会有市场。

现在的问题是，很多经典老片的重拍，变得越来越随心所欲。有的动辄搞大制作、大技术、大投入；有的拼命炒作，用滥情的台词来制造卖点；还有的将经典老片注入时尚的元素和华丽的包装，胡乱增加一些原著中没有的感情元素。可以说现在各类重拍经典剧鱼龙混杂，问题很多。

我个人认为对重拍经典的态度要慎之又慎。尽管影视界劲吹重拍风，但很少有哪部重拍剧可以宣称新版超过了旧版。重拍经典需要我们的艺术积累和准备，而不是一窝蜂地扎堆儿，不需要抢占地盘一样先下手为强。

5. 如何看待戏曲在当今中国的发展

【参考范例】

戏曲是中国传统的戏剧形式，历史悠久，是中国民族文化的瑰宝。但是中国传统戏剧的现状却并不容乐观，某些地方戏剧甚至有消失的危险。戏曲正越来越远离现代大众的文化娱乐选择范围和艺术欣赏视野。

总的来说,戏曲发展至今呈现出衰落的趋势,主要表现在:戏曲观众老化现象严重,青少年对戏曲多不感兴趣;作为传统经典文化,艺术家在继承传统的基础上少有创新,使得观众逐渐失去了兴趣;戏曲有地域性,由于方言的限制,大规模、跨区域的推广十分困难。

然而,戏曲作为一种文化资源,必须保持其原生态的特征,尊重艺术发展的自身规律。因此,我提出以下几点建议:

首先,要做好传承,就要让青少年了解戏曲,因为只有了解才能喜爱。现在有些学校已经开始让传统戏曲进入课堂,各高校也设置了戏剧社团。通过这些方式,可以加强戏曲在青少年中的普及。

其次,要创造出更多更好的贴近生活的新剧目,让戏曲更贴近人们的生活。

再次,使戏曲行业逐步走向正规产业化经营。比如加强戏曲文化表演场所基础设施的建设,或者把戏曲传承和旅游开发结合在一起,等等。

最后,改进传播方式,利用新的媒介如电视、电影、网络等,这样才能使更多的人了解戏曲。

6. 你怎样看待虚假广告屡禁不止的现象

【参考范例】

目前,我国广告行业中出现的各种虚假广告,误导受众,危害社会。如某医院在广告中声称:“本院拥有全国各大医院的著名医疗专家上百名,能治疗各种疑难杂症。”不知情的患者慕名而去,花了钱,不仅看不好病,还贻误了治疗的时机。这样的事例不在少数。

很多媒体报道过虚假广告,有关部门也整治过,但仍屡禁不止,害人不浅。要解决这个问题,我认为应该在以下几方面采取切实有效的措施:

第一,从立法上加强监管,进一步建立和完善广告管理法律法规,做到有法可依,执法必严。

第二,改革广告监管模式。按照国际惯例,采取资质管理,发布标准规范,建立事前审查制度,从源头上杜绝虚假广告。

第三，严厉打击虚假广告发布者和经营者，增加其违法成本，对其采取较重的经济处罚，并通过媒体予以揭露和通报。

第四，加强媒介广告从业人员的行业自律和职业道德修养，在思想上筑起防范虚假广告的“大堤”。

第五，通过宣传和教育，使公众认识虚假广告，建立防范意识。

总之，只要各方面都行动起来，全面抑制虚假广告，虚假广告就会慢慢减少直至消失。

7. 如何看待于丹的走红

【参考范例】

于丹走红源于她在《百家讲坛》对《论语》的解读。《论语》作为“心灵鸡汤”，通过于丹的解读，慰藉着电视观众。

于丹的走红，正说明传统文化日益受到人们的重视学术走向大众，正适应了民众对文化的需求。于丹将经典与受众更广泛地连接起来，从而在大众层面掀起了经典热。

除了于丹，《百家讲坛》还捧红了易中天、纪连海、王立群等一批学术明星。从文化启蒙的角度看，他们可算是令人尊重的平民化的学者。然而如果众多的学者都去走明星化的功利之路，中国学术的根底会变得薄弱。而学者众多的社会活动也会影响正常的科研教学，有不务正业之嫌。因此，有人对于丹们的走红提出了异议。

总之，我认为于丹的走红与当今的社会大环境密不可分，我们既不能一味追捧，也不能将她的成就一概否定。

8. 近年来网络迅速发展，网络歌手层出不穷，请谈谈你对这一现象的认识

【参考范例】

随着互联网的普及，网络音乐的兴起，成就了网络歌手这个新兴的网络群

体。雪村、刀郎、段思思、香香等就是其中的代表。他们之所以如此迅速地出名,除了本身具有一定的能力外,更多的是得益于网络强大的传播能力。

网络具有速度快、覆盖面广的特点。利用网络展现自己,既迅捷又方便。同时,网络进入门槛低,不需要太高的成本。可以说,网络歌手的兴盛与网络发展密不可分,是网络为更多有才华的人提供了一个平台。

总之,网络歌手是网络时代的产物。作为文化消费的一种,我们应该以一种辩证的眼光看待网络歌手。如果一味地强调迎合大众口味,极有可能导致作品的思想性和艺术性的丧失。

9. 你怎么看现在的山寨文化

【参考范例】

“山寨”一词,出自粤语,原指那些没有牌照、难入正规渠道的小厂家、小作坊,由大量出现的山寨手机渐渐被人们所熟知。后来的“山寨数码相机”“山寨电影”“山寨 T 恤”甚至“山寨明星”“山寨百家讲坛”纷纷出炉,山寨文化由此诞生。

山寨文化的产生是一种社会现象,它是民间孕育多年的“草根文化”的集中爆发。近些年,我国文化的生存土壤发生了很大变化。随着经济转型、社会结构的变化,大众的文化需求和文化自觉性也逐渐增强,文化的生长空间空前扩大,文化的多样性存在成为必然。在发展中,主流文化不断得到弘扬的同时,也出现了一些非主流文化,以满足部分阶层、群体的需要。山寨文化的草根性、大众性、民间性、娱乐性、自发性、参与性,使其一产生便受到人们的热烈欢迎。

然而,不可否认,山寨常常对“正规军”产生冲击,甚至发生侵权行为。随着山寨文化的发展壮大,其中也出现了一些不健康、不协调甚至低俗、丑陋的现象。

我认为,和任何事物一样,山寨文化也有其两面性。山寨文化并不能简单地与创新画等号,也不能被视为低俗文化而将其一棍子打死。国家应该合理规范、正面引导山寨文化,倡导借鉴、学习和改良意识,使其为社会进步作出积极贡献。

10. 电视节目使用方言的利弊

【参考范例】

当前,全国各地电视台中出现了很多使用方言的节目。方言电视节目在很短的时间内满足了人们的收视需求,呈现勃兴之势,一度成为地市级电视台收视率的增长点。可见,方言节目的确有很多优势。

首先,方言具有简洁、形象、生动的特点,方言电视节目的出现打破了原有普通话电视节目一统天下的局面,成为主流节目的有益补充,让电视观众有更多的选择。

其次,方言电视节目视角平民化、内容生活化、表现形式多样化,可以增强电视的适应性、渗透力和亲和感,提高电视节目的收视率、影响力和传播效果。对方言群体而言,方言电视节目会使其在心理上产生认同感和归属感。

此外,方言电视节目的兴起会对方言起到振兴的作用,使其具有持久的发展能力。

但是,电视节目使用方言也存在一些弊端。方言电视节目形式活泼,有利于主持人的个性化发挥。但方言电视节目偏重于调侃和娱乐,题材受到局限,对一些重大题材的报道显得欠严肃也欠力度。所以,这类栏目只能是非主流栏目。

另外,方言节目的受众具有局限性。电视作为一种大众传播媒介,用方言做节目,肯定就会排斥相当一部分外地人。电视节目使用方言客观上人为地设置了语言障碍,抬高了语言交际和信息传播的成本,也形成了方言形态的话语霸权。

综上所述,电视节目使用方言有利有弊,所以这类节目应注意扬长避短。

11. 你怎样看待我国的电视购物节目

【参考范例】

目前,我们可以看到电视购物节目大量地出现在我们的生活中,一些电视台已经专门开办了电视购物频道。自从电视购物节目进入中国,关于它的争论就从没有间断过。

首先,电视购物有利于消费者购买商品。消费者坐在家里看电视就可以知道商品信息,打个电话就可以买到所需的商品,省去了跑商场挑选的麻烦,这为生活忙碌、生活节奏快的现代人带来了不少方便。加上电视购物省去了很多中间销售环节,其价格上的优势也得到很多消费者的认可。

其次,电视购物有利于拉动内需、促进广播电视产业发展。电视购物能够满足消费者的多样化需求,对于加快商品流通、拉动国内消费、促进国民经济发展具有重要意义。同时,也有助于增加广播电视新的创收渠道,改变目前单纯依靠广告赢利的状况。

但是,我国现阶段的电视购物节目发展状况没有想象中乐观。电视购物是一种新型的商品销售模式,但是在我国各大电视台的电视购物节目中却普遍存在着煽情渲染、夸张虚构乃至故意造假宣传的现象。在十几年的发展历程中,由于虚假的产品信息,使人们对电视购物节目产生了严重的信任危机。

电视购物节目是一把双刃剑。近几年,运用电视购物实现快速发展的企业比比皆是。但同时,因为电视购物广告引发信誉危机,甚至败走麦城的企业也数不胜数。因此,人们应看到电视购物节目的两面性,在选择时擦亮双眼,不能盲目跟风。

12. 你怎样看待相似综艺节目的一拥而上,疯狂"克隆"

【参考范例】

这些年,国内大小综艺节目惊人相似。从早几年游戏娱乐节目跟风,到情感访谈类、选秀类、麦霸K歌类,再到最近荧屏上的相亲交友类节目热潮,相似综艺节目一拥而上的情况屡见不鲜。

综艺节目增多,观众有了更多选择,这对观众来说是个好事。但这类节目多内容雷同、形式重复,情况并不乐观。目前我国的综艺节目多为"拿来主义",基本都是简单模仿,只学了形式,却丢了自家特色,这是缺乏创造力、想象力的表现。

娱乐电视节目艺术的生命力在于创新，只有不断地推陈出新，才能获得观众的青睐。创作者们应在艺术品位、思想内涵、节目品质方面多下功夫，才能在激烈的竞争中生存发展。

13. 现在的中学生读名著越来越少，你怎么看待这一现象

【参考范例】

当下，中学生读的名著越来越少。课堂之外，多数人更乐于拿起漫画、时尚读物，或是点击网络小说。动漫、游戏、网络小说以及各类时尚读物充斥着中学生的视野，而名著的引导作用以及教育功能，逐渐被削弱。虽然在教学大纲中，一些经典名著是中学生的必读书目，可是在实际教学和平常阅读中，经典名著离我们越来越远。

经典名著是优秀文化的积淀，是无比珍贵的精神食粮。中学生正处于世界观、人生观的形成阶段，更应从文学名著中受到思想上的启迪、感情上的陶冶和美的享受。

有同学认为文学名著枯燥、晦涩、不易读懂，让人提不起兴趣；有同学认为学习压力过大，学习任务过重，没有太多的时间阅读名著；还有同学认为名著内容与现实联系不大，感觉它离自己的生活太遥远。中学生远离文学名著表明了当今青少年有一种急功近利、浅尝辄止的心态，也可以说是社会浮躁现象在中学生读书问题上的反映。从深层次分析，有中学生自身的因素，更有社会、学校、家庭等因素的原因。

因此，我认为对中学生进行名著阅读引导至关重要。这不仅仅是校园教育的问题，更是整个社会的责任。

14. 谈谈你对当前选秀节目火热这一现象的看法

【参考范例】

目前，国内选秀节目火热，电视荧屏上到处都是。从一定意义上来说，选秀能使更多的新秀脱颖而出，让更多的人实现自己的梦想。但是每件事都有它的

两面性，我认为对中学生来说，选秀节目的负面影响超过了它的积极意义。

首先，选秀带来的一夜成名的效果，易在中学生中催生急功近利的浮躁心态。选秀明星在短时间内从一名普通大众骤变成万人瞩目的“明星”，这容易让涉世不深的中学生误以为成功不需要辛勤的付出。自选秀节目出现以来，一些大中学生荒废学业追星或参与比赛的新闻屡见不鲜，这足以说明学生中的这种“泡沫”心态。

其次，“有型就要秀”的理念倡导容易滋生极端个人主义。选秀节目几乎都宣扬勇于表达自我、突显个性的精神，这本身是无可厚非的。但由于选秀节目在运作过程中不可避免地和其他一些商业目的相结合，再加上媒体的过分渲染，导致部分学生产生极端个人主义的苗头，价值观念向个人本位偏移。

第三，“偶像崇拜”容易引发极端狂热情绪。一方面，选秀明星将随着广告、音像制品、影视节目对青年受众产生持续的文化影响，引发非理性的盲从和模仿。另一方面网络时代的偶像崇拜还会引发网络暴力，如粉丝团相互之间的“口水战”。

总之，选秀节目火爆有一定的必然性和合理性，不能一概否定。但我认为，基于选秀节目的负面影响，社会、学校、媒体各方面需要共同努力，尽量正确引导。

15. 有人说现在年味儿越来越淡了，你如何看待

【参考范例】

春节是中国最重要的传统节日。门上贴对联，屋顶挂灯笼，再倒悬一个福字，是年味儿！三十晚上包一顿饺子，吃一顿“团圆饭”，是年味儿！三十晚上，全家看央视春节晚会，虔诚地“守岁”，是年味儿！但近年来，“年味淡了”的声音此起彼伏。

最具文化内涵和传统魅力的春节已伴随国人几千年了。它富含辞旧迎新、联络亲情等诸多含义，这些都没有变。年味儿主要包含在人际的情感交流中。很多在外工作、求学、生活的人都有这样的感觉，春节临近，归心似箭。从这一点来说，年味儿并没有淡。

我认为，如今年味儿淡了，并非是传统的年文化消失了，而是传统的年文化在现代文化的冲击下显得有些苍白了。人们不再需要为一顿稀少而丰盛的年夜饭而期待，不再为过年的一件新衣服而欢欣，不再觉得看地方戏是一种文化享受。

不难看出，年味儿淡了，是由于随着生活方式、生活观念的改变，传统的年文化活动已经失去了它的魅力。

可见，继承创新传统的年文化，组织、倡导更多样的年文化方式，才是关键。这就需要文化宣传部门在这方面多下功夫，根据群众的意愿和需求，组织安排群众喜闻乐见的年文化活动。

16. 现在，“情人节”“圣诞节”这些西方的节日逐渐进入中国，并且很受年轻人喜欢。你如何看待这一现象

【参考范例】

随着改革开放不断推进，中国的大门已经向全世界敞开。西方节日进入中国已变得再正常不过。这些西方节日以其浪漫的情调、热闹的气氛和欢快的形式，得到年轻人的喜爱，是正常的社会现象。

西方节日从总体上丰富了我国人民的日常生活。西方节日比较注重个性化的体验，富有人情味。由此形成了一种时尚，满足了人们某些精神需要。

但是，每个民族都有自己的传统节日和民族文化。吸取外族文化的养分，是文化交流和发展本民族文化的需要。但是如果对外族文化全盘接受，盲目崇拜是不对的。

中华民族历史悠久，文化底蕴深厚，我们的节日有着深厚的文化内涵。在进行文化交流时，要注意不仅要“接受”，同时也要“输出”。这样才能既丰富民族文化，又发展民族文化。

因此，我认为应将传统节日与新时期的精神文明建设结合起来。

17. 名人故里之争反映了什么

【参考范例】

近年来,全国不少地方在名人故里之争上投入了前所未有的精力。曹雪芹故里之争、李白故里之争、赵云故里之争、诸葛亮“躬耕地”之争,甚至西门庆故里之争……各地都在乐此不疲地“抢”名人。

在尊重历史的前提下,辨明名人故里,积极开发宝贵的文化资源,对于弘扬历史文化、提振民众精神而言,是一件好事。同时,可以开发本地资源、注重名人效应,并以此树立和营销城市形象、发展文化旅游。

然而,如今的名人故里之争却变了味。名人故里之争成为利益之争。因为一旦成为名人故里,就可以发展旅游业,增加GDP,为当地的经济增长作贡献。眼下我们所看到的名人故里之争,往往只看到了地方对于文化遗产中经济价值的追求,把文化遗产商品化,忽视了文化遗产的真正意义。名人故里体现着一个地方古老而深厚的文化内涵,但许多地方忘记了这一本质,却赋予其更多的经济利益,不仅不利于文化繁荣,更是一种文化自残。

我认为,作为地方政府要清醒地认识到经济发展与名人效应之间的关系。在利用名人故里进行文化旅游开发时,必须保持决策冷静,坚守经济理性。名人故里之争不能唯“名”是图,要注重对文化价值的保护。

18. 近年来,文艺娱乐节目低俗之风屡禁不止,你怎么看

【参考范例】

近年来,我国娱乐节目出现了低俗化倾向,以追求利润为终极目的,违背社会公序良俗。比如最近的婚恋相亲节目频频爆出的惊人之语,通过大众电视传媒得以无限放大,不断挑战着社会的道德底线。

电视节目中多一些娱乐因素本无可厚非,这对节奏变快、压力变大的现代生活,也是一种有益的补充。但是,人们真正期待的是一种精神满足。只有感官上的愉悦,而没有来自心灵深处的感动,这样的节目是不会有生命力的。

有人认为，低俗化与整个社会文化环境有关。市场经济的大潮冲击着人们的价值观和道德观，而文艺娱乐节目也受经济利益的驱动，片面追求收视率、广告收入和经济利益。

某些低俗化的东西可能暂时会带来高收视率，但对电视人来说，如果一味迎合，放弃对核心价值观的坚持，这就是媚俗，这种行为严重违背了行业道德。对于媒体来说，其公信力会受损。对观众来说，低俗节目会误导青少年的人生观和价值观。

娱乐节目如果一味盲目迎合市场需求，终将走向死胡同。因此，我认为娱乐节目要摆脱低俗走向高雅。此外，规范、监督是保证节目良性发展的关键。媒体应建立道德评价和自律机制，有关管理部门必须加强有效管理，社会各方力量也要参与监督，从而扭转娱乐节目的低俗化倾向，维护传媒业的良好社会形象。

19. 自 2004 年 11 月全球首家孔子学院在韩国成立以来，已有接近 300 家孔子学院遍布全球近百个国家和地区。你怎么看当今的“汉语热”

【参考范例】

如果说中国已经持续了二十多年的英语热，表明了中国走向世界的坚定愿望，那么最近几年来兴起的世界性汉语热，则体现了一个正在崛起的中国开始显示其对世界日益深入的影响力。

全球“汉语热”升温有着深刻的社会背景。第一，随着中国经济和对外贸易的快速发展，世界各国对通晓汉语的人才的需求量有了较大增加。第二，伴随着中国经济走向世界，中国文化撩开了以往神秘的面纱，走到各国友人的面前，汉学也因此成为“显学”。第三，中国的国际影响日益扩大，使全球范围内的民众更想直接了解中国。

这种持续升温的“汉语热”给全球推广汉语教学带来了良机，但也带来了挑战，我们应该辩证地看待。面对“汉语热”，我们在某些方面还准备不足。比如：对汉学和汉语的宣传力度略显不够，海内外对外汉语教师队伍素质有待提高，基于对外汉语教学的汉语研究和教学研究有待加深和拓展，教材建设应进一步加强等。

对于这些情况，我们应该继续搞好学科建设和对外汉语师资建设，让更多的人有机会学习汉语，了解中国社会和中国文化。

20. 如何看待电视虚拟主持人这一新生事物

【参考范例】

电视虚拟主持人最早出现在网络，虽然具有主持人的功能和作用，但是却没有真实主持人的现实生活体验，因此被人们称之为虚拟主持人。与真实主持人比，虚拟主持人具有很多优势。

首先，虚拟主持人具有稳定高效的工作状态。只要提供足够的技术支持，他们就能始终以最高效率投入到节目制作中，这就保证了节目稳定的水准和质量。

其次，虚拟主持人具有极强的可塑性。他们能最大限度地为观众提供个性化服务，还可以在外形和风格上任意变换，根据观众的反应迅速做出调整。

再次，虚拟主持人的出现有利于节目质量的提高。节目不再过分依赖主持人的外在魅力，而是将制作的重心更多地放在节目内容的充实和传播方式的把握上。

但是，我们还要看到，虚拟主持人还有很多不足。除了技术因素和资金投入过高，重要的是在人性化和亲和力方面不足。而且由于观众的收视习惯尚未改变，他们接受一个虚拟主持人，还需要相当长的一段时间。

电视虚拟主持人虽然还处在起步阶段，但我们有理由相信，技术的发展和内涵的丰富将会使电视虚拟主持人逐渐独当一面。虚拟主持人和真实主持人可以各擅其长、分工合作，使我们的荧屏更加丰富多彩。

21. 我看娱乐圈的炒作

【参考范例】

近年来，人们对娱乐圈的炒作已经司空见惯。炒作本是一种营销手段，通过一些策划方案来达到宣传目的，适当使用可以起到正面效果。但目前娱乐圈的过度炒作，危害了其自身的公信力。

从起初遮遮掩掩的炒作，到如今赤裸裸的过度炒作，娱乐圈采取的种种炒作手段令人瞠目结舌。炒作的目的是制造噱头，吸引公众眼球，引发争议，使话题在一段时间内占据各大网站、报章的头条。炒作人借此提高曝光率，并顺势推出最新作品，从而获取经济利益。

由于娱乐圈新人辈出，素质不一，加上竞争激烈，诸多明星出道不久，就消失在公众视线之外。即便当红的明星，稍有松懈，就可能被他人挤掉。为了“一路长红”，许多明星和娱乐公司不是在提高自身素质方面下功夫，而是挖空心思搏出位，用捏造、夸大、推测等手段进行有争议的批评、赞扬或爆料。

过度炒作，让公众对娱乐圈失去原有的判断力，对其公信力提出质疑。

因此，对于虚假夸大、损害社会公利的炒作，一定要严加制裁。娱乐圈也要形成行业自律，发扬德艺双馨的传统，不能过度炒作、自毁前途。

22. 你怎样看待“高雅艺术进校园”活动

【参考范例】

我认为“高雅艺术进校园”是一件好事。近年来，通过“高雅艺术进校园”活动，学生们有了一个更好的亲近艺术、聆听大师、提升艺术素养、感受艺术魅力的平台。

高雅艺术是人类优秀文化的积淀，是经典的、积极向上的、催人奋进的。很多同学表示，当代青年并不是不喜欢高雅文化，主要是因为了解和接触的不够，这也反映出高雅艺术在校园的普及程度尚浅。因此，只有不断地宣传、弘扬高雅艺术，才能使更多的学生了解并进而喜欢高雅艺术。

高雅艺术能够润物细无声地起到教化作用。通过欣赏高雅艺术，学生们不仅感受到了艺术世界的奥妙和乐趣，还获得了音乐、文化、历史等相关知识，扩大了自己的知识面。

然而，对“高雅艺术进校园”活动也有人提出异议。有人认为，文化传播形式现在已是多元化，尤其是网络、电视已进入学生生活，没有必要再请高雅艺术到学校演出。还有人认为,用几场演出提高学生的艺术修养无异于杯水车薪。

我认为,“高雅艺术进校园”活动非一朝一夕之事。但是,在各界人士的共同努力下,相信“高雅艺术进校园”活动必将在继承和创新中不断前进。

23. 你读过电子书吗? 你认为电子书会不会取代传统纸质书

【参考范例】

我读过电子书。事实上,现在电子书越来越受到大众的欢迎。电子书是利用计算机技术将文字、图片、声音、影像等信息,通过数码方式记录在以光、电、磁为介质的设备中,借助于特定的设备来读取、复制、传输。

电子书使用方便,相比较纸质书具有很大的优势。第一,电子书容量大,方便携带,可以改变字体和字号,能满足不同读者的需求。第二,电子书价格便宜,节省空间。第三,电子书节省了纸张,减少树木砍伐,环保低碳。

但是,关于电子书取代纸质书的说法我不敢贸然赞成。第一,电子书还存在诸多缺陷,如短时间内不能统一格式,不方便不同格式之间的转换;比纸质书更容易出现盗版;电子书的屏幕更伤害人的眼睛等。第二,纸质书符合人们传统的阅读习惯。第三,纸质书有更大的收藏价值。

电子书的发展还有很长的路要走,无论是在产品技术上还是在版权保护上,都需要进一步的改进与完善。电子书未来的发展潜力是巨大的,但是目前我们并不能简单地作出电子书取代纸质书的结论。

24. 请你分析一下“电视湘军”迅速崛起的原因

【参考范例】

“电视湘军”和“湖南电视现象”已名扬天下,其中的主要原因有:

一、定位准确。从湖南当地的实际出发,深刻分析自身面临的优势和劣势,将湖南电视定位为“打造中国最具活力的电视娱乐品牌”,将娱乐类节目作为自己的核心竞争力来打造,找到了一个清晰的市场定位。

二、体制创新。体制的变革、机制的完善、资源的合理配置,为湖南电视的发展提供了强大的动力和活力。

三、品牌打造。湖南电视整合最强的人、财、物资源，打造品牌栏目，相继推出的《快乐大本营》《玫瑰之约》《背后的故事》等一批精品栏目，成了在全国知名度颇高、深受观众喜爱的品牌栏目。

四、政策支持。湖南省委、省政府高度重视文化产业的发展，给文化产业的发展提供优惠政策和各方面的支持，为文化产业发展注入了生机和活力。

五、人才兴台。“电视湘军的崛起”的背后，是由一批会策划、懂经营的领导人才和一批优秀电视主持人以及在后台默默奋斗的电视人才的努力和奋斗。湖南电视台加强人才资源的开发，培养、凝聚了一大批优秀的电视人才。

因此，各个地方电视台想要异军突起，可以借鉴湖南电视台的经验，并且努力创新。

25. 请结合实例谈谈中国的贺岁片

【参考范例】

所谓贺岁片，是指在元旦、春节期间上映的电影。寻求欢乐和放松，是观众在逢年过节尤其是春节期间普遍的心理需求。这就决定了贺岁片的风格：轻松、幽默，具有强烈的观赏性和娱乐性。因此其题材多与百姓节日期间喜庆、祝福的生活与习俗相关，形式多是娱乐性、消遣性较强的喜剧片和动作片。

贺岁片最早起源并流行于香港。从 20 世纪 80 年代开始，每到岁末，香港演艺圈内的一些明星都会拍几部热热闹闹、喜气洋洋的影片献给观众。这些影片大多以“恭喜发财”“家有喜事”“福禄寿喜”等象征吉祥如意的词来命名，内容上也基本满足以下两点：一是喜剧，二是有一个相对圆满的大团圆结局。1995 年成龙的《红番区》是第一部以“贺岁片”的名义引进中国内地的影片，当年的票房收入仅次于好莱坞大片《真实的谎言》。1998 年著名导演冯小刚拍出了中国内地第一部贺岁片《甲方乙方》，开启了中国内地的贺岁片市场。此后投拍的贺岁电影一年多过一年，越来越多的知名导演加入执导贺岁片的行列。

贺岁片经过十几年的发展，在目前的中国市场已经呈现相对饱和的态势。这就使得电影的档期相对不合理，同时也浪费了一部分电影资源。同时，由于贺岁片基本属于旱涝保收的影片，过多的精力放在贺岁片上往往会影响电影艺术的进取性、创新性，不利于我国电影的长远发展。

26. 谈谈你对“国学热”持续升温的看法

【参考范例】

狭义上的国学是指以儒学为主体的中华传统文化与学术，包括古代诸子百家；广义上的国学主要是指以先秦经典及诸子学为根基，涵盖经学、玄学、佛学、理学、文学等的一套特有而完整的文化、学术体系。

“国学热”可谓“文化寻根”现象的折射，与我国综合国力不断增强、国际地位日益提升密切相关。

传统国学不仅有着深邃的思想和文化内涵，更蕴涵着蓬勃旺盛的生命力和创造力。比如，中国传统文化中强调仁爱，强调群体，强调和而不同，强调天下为公。特别是“天下兴亡，匹夫有责”的爱国情操，“仁者爱人”的人本思想，“己所不欲，勿施于人”的待人之道，以及吃苦耐劳、勤俭持家、尊师重教的传统美德，所有这些都对国家、社会和家庭起到了巨大的维系与调节作用。“国学热”的出现，促使人们对中国历史和文化有更多的了解，增强中华民族的认同感与凝聚力，因此国学应在年轻人中普及。

同时，对于当前的“国学热”，也应抱一种理性的态度。我们应以世界文化为参照、在现代文明发展潮流之下来检视国学，发扬代表人类共同美德和追求的东西，摒弃与时代发展潮流格格不入的糟粕。

27. 谈谈对中国非物质文化遗产保护的看法

【参考范例】

中华文明作为世界上唯一延续五千年以上而不间断的文明，其灵魂是中华民族丰富的文化传统和文化精神，更多地体现在非物质文化遗产中。这些非物质文化遗产包括历史、艺术、宗教、人类学、社会学、语言学、文学等方面，具有突出价值并曾广为流传。非物质文化遗产保护对于保护社会的多元文化形态，对于实现人类社会发展的整体目标，对于人类社会的可持续发展，都具有重要的意义。

然而，由于社会形态的改变，武力冲突、旅游业发展、农业区缩减、移民和生存环境恶化等的威胁，导致很多非物质文化遗产的生存面临前所未有的危机，这也决定了保护与抢救非物质文化遗产的迫切性。

非物质文化遗产最大的特点是不脱离该民族特殊的生活、生产方式，是民族个性、民族审美习惯的“活”的显现。它依托于人本身而存在，以声音、形象和技艺为表现手段，并以身口相传作为传承方式而得以延续，是“活”的文化及其传统中最脆弱的部分。因此对于非物质文化遗产传承的过程来说，人就显得尤为重要。

我们应当根据自己国家的不同情况，制定抢救和保护的法律、政策，科学、全面、系统地抢救和保护现存的非物质文化遗产。

28. 谈谈你对“养生”文化热的看法

【参考范例】

当前，“养生”成为人们津津乐道的话题，并形成了一股“养生”文化热。我认为有以下原因：

首先，“养生”文化热与大众的社会心理有很大关系。随着生活品质的提高，越来越多的人开始重视自己的身体健康，追求自我的生命品质。其次，我国的医疗保障体系还在完善之中。很多人仍面临看病难、看病贵的问题，人们于是转向预防、养生。最后，大量良莠不齐的图书、电视节目也助推了全民养生热潮的形成。

在大众对养生表现出强烈需求的同时，也暴露出大众对养生文化的盲从、迷信。有人轻易把一些“养生明星”神化，而不去辨别真假、是非，同时把一些“养生”学说当作无可怀疑的教条。另外，行业监管的缺失，也导致了一些“伪养生专家”的言论盛行。

因此，我们应该理性看待养生文化，坚持科学，对养生进行理性的批判，保持清醒的头脑。健康、养生有道，非医学所能尽。养生的要义，在于合乎人的生命发展的自然之道。

29. 钱学森曾质疑:“为什么我们的学校总是培养不出杰出的人才?”你怎么理解“钱学森之问”

【参考范例】

“为什么我们的学校总是培养不出杰出人才?”这就是著名的“钱学森之问”。钱老所谓的“杰出人才”,是指在科技界或某一专业领域有发明创造的人才。“钱学森之问”是关于中国教育事业发展的一道艰深命题,需要整个教育界乃至社会各界共同破解。

在我国目前的教育系统中,教育的导向主要是记忆知识。学生疏于独立思考、缺乏主动学习的精神,是我们在培养杰出人才时遇到的困境。究其根本,是因为我们的教育并没有将学生作为主体,充分发掘他们的潜力。就此,我认为应从以下几方面着手解决:

第一,培养一流创新人才,要有鼓励创新的氛围。科研需要鼓励,鼓励大家不怕犯错,勇于创新。第二,培养批判思维。一个只会被动接受知识、相信书本和权威的人无法去创新,无法成为杰出人才。第三,人才培养模式要多样化。要为学生的个性发展提供更大的发展空间和更多样化的选择。第四,激发创造激情。没有激情就没有创新,在一个人心浮躁与急功近利的时代里,需要静下心来做学术。

钱学森之问引人深思,但相信通过教育制度的改革和培养模式的创新,我们能够培养出杰出人才。

30. 谈谈你对收藏类节目、鉴宝类节目的看法

【参考范例】

随着大众文化生活的丰富,荧屏收藏类节目也风生水起,如央视的《鉴宝》《寻宝》,北京卫视的《天下收藏》,河南卫视的《华豫之门》等。

不少鉴宝收藏节目通过现场鉴宝或者各地寻宝的方式,搭建起专家和藏家交流互动的平台。收藏类、鉴宝类节目利用文物艺术品资源展现各地独具特色

的风土人情，传颂中国源远流长的历史文化，无论是对引导人们的收藏行为还是满足人们的文化生活需求等都发挥了重大的作用。同时还有助于提高人们的收藏素养，对我国文化珍品的收藏也有一定的促进作用。

但是，有相当一部分电视节目为追求收视率，走了趣味化、娱乐化、大众化的路线，扭曲了艺术收藏本来的面目和宗旨。收藏鉴宝类节目的重点放在预测文物价值上，给人一种淘到宝就可以一夜暴富的错觉。没有宣传文物的文化价值，反而宣传了拜金主义，文物市场受到误导。部分电视节目中还存在给赝品贴标签的做法，严重伤害了媒体的公信力。

在大众心中，古董与价值相等，收藏和作秀统一，这有失偏颇。电视人有义务和责任改变这种状况。要做以文化为主题的节目，不一味迎合市场而是引导观众进行文化鉴赏，这样才有利于收藏、鉴宝类节目的长远发展。

31. 近期节日期间的民俗旅游颇为红火，分析一下这种现象

【参考范例】

民俗旅游是指人们离开惯常住地，到异地去体验当地民俗的文化旅游。目前民俗旅游的内容主要包括生活文化、婚姻家庭和人生礼仪文化、口头传承文化、民间歌舞娱乐文化、工艺美术文化、节日文化、信仰文化等。

民俗旅游作为一种新兴的旅游产品，近十余年来方兴未艾。诸多民俗旅游景观如雨后春笋，层出不穷，成为旅游的新要素。

民俗旅游的意义与价值在于体验异族文化情调，它一方面促进了旅游文化和民俗文化的紧密结合，实现了对传统文化的进一步开发与传承；另一方面丰富了旅游活动的内容，拉动了旅游经济的增长。

可是，由于商业性动机过强，许多民俗游开发一哄而上，出现了急功近利、粗制滥造、项目雷同、缺乏深厚的内涵和文化底蕴的支撑等许多不容忽视的问题。

鲜明的地方特色、多样化和真实性是民俗旅游的生命线。民俗风情、传统文化贵在地道正宗、原汁原味，拒绝雷同和仿造，反对过度“包装”。有自己的特色，民俗旅游才能走得长远。

32. 针对电视谈话类节目存在的不足,谈谈你的看法

【参考范例】

电视谈话节目是在一定的空间里,以人际传播的形式对某一话题进行议论、探讨、评说、抒发,借助电视媒介进行的一种大众传播活动。

我国电视谈话节目存在的主要问题,有以下几点:

第一,节目定位不准确。谈话类节目最主要的问题就是定位模糊,要么就是定位过于宽泛,没有针对性;要么就是定位过于狭窄,受众接受程度低。

第二,节目脸谱化倾向严重。适度的模仿与借鉴无可厚非,但是许多节目选题雷同、风格相似,节目流程、场景的布置也近乎一致,没有彰显节目的独特个性。

第三,话题选择范围狭窄。一般情况下,我们的谈话节目选题不敢过多地涉及一些所谓的敏感话题,节目形式和内容拘谨。主持人、嘉宾包括现场观众普遍觉得缺乏必要的话语空间。

第四,主持人缺乏个性色彩。从目前情况来看,主持人整体水平不高,非常成熟的主持人更是凤毛麟角。这既有主持人的问题,也有主持人的发挥空间的问题。

针对以上问题,电视谈话节目要想保持高收视率,除了找准话题、深挖节目内涵和注意节目包装之外,当务之急就是要提高节目的品位,保证节目的质量,推进栏目个性化进程,打造风格鲜明、个性突出的品牌栏目。另外,要全面提升主持人涵养,逐步推行主持人负责制。

33. 谈谈网络文学改编成影视剧的文化现象

【参考范例】

随着网络的普及,网络文学作为一种重要的娱乐性文化产品,被越来越多的网民接受和喜爱。许多影视公司敏锐地察觉到了其中的商机,纷纷投资将网络文学改编并拍摄成影视作品,例如《琅琊榜》《花千骨》《寂寞空庭春欲晚》《大

汉情缘之云中歌》等，都获得了较大的成功。

网络文学改编成影视剧有其得天独厚的优势。网络文学数量庞大、储备丰富，为编剧们提供了大量的资源，为改编剧本打下了坚实的基础。而且根据网络文学改编的影视剧因为有着网络文学作为母本，通常都积累了一定数量的观众群体，这在一定程度上保证了收视率，大大降低了投资风险。

由此可见，网络文学改编成影视剧是毋庸置疑的发展趋势，这也为未来市场行业的发展提供了范例。在当代文化背景下，互联网为网络文学的面世提供了条件，使文学作品逐渐变为迎合观众口味的影视剧。网络文学和影视作品作为社会发展大形势下的商品，最终的目标是赢取更多的商业价值。

34. 鲁迅的很多作品被剔出语文教材，谈谈对“鲁迅大撤退”的看法

【参考范例】

鲁迅的一些作品退出教材或由必修改为选修，在互联网上引起了激烈的争论，而有些媒体为了吸引眼球，使用“鲁迅大撤退”这一说法却是不恰当的。真实的情况是，教育部门只是基于目前中学课本中鲁迅文章过多的现象，结合我们当今所处的社会环境，进行了一定程度的调整而已，我们没有必要过度恐慌。

鲁迅文章删减是课程结构调整的需要，也是适应现代中学生的需要。时代在前进，社会的观念在不断变化，新的经典作品在不断出现，教科书修订时删减部分经典作品是不可避免的。而鲁迅的很多文章，例如《记念刘和珍君》《藤野先生》等作品，如果没有对特定的时代背景、社会特征有所了解，这些作品在今天看来多半是晦涩难懂的，所以说对其进行适当的调整是必需的。

但是，鲁迅最为经典的作品还是要坚决保留的，因为鲁迅的批判精神并未过时，中国教育需要鲁迅。鲁迅的文章辛辣尖锐，讽刺了一些社会的普遍现象。他笔下的人物形象具有普遍性，比如阿 Q、祥林嫂、孔乙己等，在任何社会都存在这些人物的影子。鲁迅的批判精神并没有被时代所抛弃，鲁迅的精神是永远不会过时的。

35. 如何看待越来越多人跨界当导演的现象

【参考范例】

近几年,随着《泰囧》《致我们终将逝去的青春》《小时代》《后会无期》等影片的大卖,徐峥、赵薇、郭敬明、韩寒等几位从演员、作家等领域跨界而来的导演们成为电影圈的热门人物,随后,这股影坛"跨界风"越吹越劲,俨然成为电影圈的一种新风潮。

中国影坛的跨界导演们,来自不同领域,但是凭借自身的知名度与长久以来积累的群众基础,不少人首执导筒就票房生猛。从某种程度上说,这一现象证明中国影坛培养新导演的渠道更加多元化。但是这种"百花齐放"的大好局面,却存在着种种令人担忧的问题。

一方面,这些跨界导演们均是半路出家,缺乏导演技能的科班训练,大多数作品缺乏深度。很多影片都是故事讲不好,段子来凑,或者用华丽的服饰与场景、高人气的演员等"外围"的东西吸引观众,这造成影视作品的艺术质量层次低下。

另一方面,长期以来,在第五代、第六代导演的"垄断"下,中国年轻导演的机会并不多,如今更多名人跨界当导演,那些真正导演系出身或者那些默默无闻的"草根"导演机会就更加渺茫了。而对于票房的过度关注,让精明的投资商很难付出时间与耐心去等待年轻导演的成长,而是追逐人气较高的名人导演。对于很多名人来说,当导演通常只是玩票性质的"圆梦",作品很难有持续性,但年轻导演又无法及时跟上,久而久之可能会造成中国影坛青黄不接的尴尬局面。

36. 如何看待当今微电影大行其道的现象

【参考范例】

微电影的最大特点是"微时长、微制作、微投资",这样的"微小身躯"适应了现代传播技术的变化,微视听文化因其方便、简洁等特性得到越来越多受众的喜爱，微电影正是如此。

微电影本质上并不是真正意义上的电影，因其传播速度快，具有广告效应，很多商家嗅到商机。于是一些植入广告或者专门围绕一个品牌、一个商品而创作的营销微电影随之诞生。真正意义上的第一部广告“微电影”是吴彦祖主演的《一触即发》，这部 90 秒的微电影把吴彦祖和凯迪拉克赛威 2.0T 当作同等重要的主角。而实践证明，这样的“微电影”宣传效果良好。

微电影的大行其道，还有一个重要原因，就是不存在发行渠道问题。在渠道为王的中国电影行业，微电影给那些做着电影梦的人带来了希望，成为一些人表达自我的舞台。微电影从内容上看，除了网友释放情绪的恶搞类型外，更多的是传递正能量的励志题材以及传递人间亲情的感人故事。

综上所述，微电影对现代电影产业的发展起到了积极的推动作用，但是它并不能替代人们对现代高科技视听品质的需求。所以微电影绝不会取代电影的位置，只能作为现代电影工业体系的一个有效补充。而微电影要想做得更好，必须向“精致”方向努力，只有那些“制作精致、画面优美，故事生动感人、情节起伏跌宕，迎合时代热点”的微电影，才能经久不衰。

37. 如何看待新年贺岁片扎堆现象

【参考范例】

贺岁电影紧紧抓住中国老百姓年终休闲、亲朋聚会、集中消费的心理习惯，以轻松愉悦的格调吸引观众，为劳累了一年的普通百姓提供缓解倦意、放松娱乐的良机。电影扎堆贺岁，作为中国电影繁荣发展的一个特别见证，既让电影院体验到货源充足、收放自如的富足感，避免了片少难排、捉襟见肘的难堪；又为观众提供了选择余地，减少了观众无片可选、被动观影的尴尬。

但是，一窝蜂式的扎堆贺岁，也很容易出现前期宣传做不够、后期市场做不透的夹生现象。面对观众的高度分流，贺岁电影匆忙上档，一旦效果欠佳就要被迫提前退场，人为地加剧市场竞争的残酷性，可能会让那些有品位、耐咀嚼但却慢热的优秀电影永远失去翻盘的机会，导致整体上并不富裕的电影资源产生严重浪费。

对此,呼吁有关部门切实关注电影贺岁市场异军突起的现实,一是加强电影内容生产管理,全面提高电影思想艺术质量,多拍一些既适应时代潮流又满足观众需求的优秀影片;二是以发掘电影档期的规模效应为契机,进一步提升五一档、暑期档、国庆档的市场潜力,力争每年都有若干个如贺岁期相似的观影高潮;三是加速电影院线建设,发挥市场运作和政府调节的双向职能,科学调配电影资源,合理安排影片上档结构。

因而,在贺岁电影市场急剧升温的时刻,我们欣喜之余,也要保持足够的清醒:一个成熟的市场一定不能让黄金档期一过立马出现电影佳作片荒,不能让中国电影在经历“暖冬”之后逆转而成“倒春寒”。

38. 如何看待虚假票房

【参考范例】

在社会主义市场经济条件下,电影作为一种商品,需要通过市场实现价值,当然不能不注重票房业绩。高票房对于投资方获得既得利益和选择投资方向,制作方吸引投资,院线吸引观众,都有着重要的意义,但是这也造成了人们对电影票房的盲目崇拜。因此,有了屡见不鲜的票房造假事件,例如《捉妖记》《叶问3》等都已成为票房造假的典型。

这种票房造假行为,欺骗普通观众走进影院,院线挤压其他影片的排片,破坏了通过影片自身质量、正规的媒体推广、广告宣传进行的正当竞争。从短期来看,破坏了行业秩序和行业规范。从长期来看,票房纪录靠片方鼓吹造假,虚高的票房发展必然产生电影市场的泡沫,泡沫越大,破裂的危险就越大,一旦破裂将给电影行业带来沉重的打击,这种盲目追求数字的行为势必会破坏中国电影的健康发展。

习近平总书记强调,一部好的作品应该是经得起人民评价、专家评价、市场检验的作品。电影作品不能一味地被市场牵着鼻子走,“当市场的奴隶”,需要破除以票房为唯一判断标准的偏颇倾向,把艺术魅力放在首位,把观众口碑放在首位,这样电影产业才能获得健康长远的发展。

39. 电影结尾播放字幕时观众就会离席，如何看待这一现象

【参考范例】

从某种程度上讲，观众的这种无意识行为是对电影以及电影工作者的不尊重。但是这种现象的产生不能完全怪罪于观众，这是由多种因素造成的结果。

当一部电影片尾音乐响起时，放映厅内立刻灯光大作，亮起的灯光使得大屏幕上的字幕恍惚难辨，更有甚者，电影院的保洁人员也在此时入场工作，这相当于无言的离场催促。而且大多数电影结尾的字幕千篇一律，对观众没有什么吸引力。观众自己掏钱买票看电影，拥有对这部电影看或不看的选择权。如果电影制作方不能推陈出新，利用各种手段将影片结尾字幕做得更有新意、更有吸引力的话，就不能一味谴责观众的素质低下。

所以，建议影片制作方在片尾字幕上多加些吸引观众的内容，例如成龙电影的片尾是主演不用替身拍摄危险镜头的花絮，片尾“彩蛋”则是国外影片比较常用的方法，如《钢铁侠 2》《雷神》《速度与激情 5》《加勒比海盗》等常在片尾字幕中加入一些趣味情节，或放上一段为电影续集埋下伏笔的片段。另外，影院的努力也很重要，建议影院放完正片部分后不要立刻开灯并有工作人员介入，而是要继续保持观影的良好氛围。影院改进了做法，也有利于培养观众良好的观影习惯。

40. 如何看待演员片酬高的现象

【参考范例】

演员片酬高一直是娱乐圈的“老大难”问题，根据媒体曝出的数据，周迅《如懿传》9500 万，孙俪《芈月传》6000 万，范冰冰《武媚娘传奇》3000 万，高圆圆《咱们结婚吧》2500 万，吴亦凡报价 1.2 亿，鹿晗报价 0.8 亿—1 亿。这样看来，一个演员相当于拿走了整个剧组 70%左右的投资，这的确是当下绝地求生的中国电视剧行业的一个怪现象。

明星高片酬难以解决的关键在于市场行情。随着粉丝经济的迅猛发展，就

是有人愿意为颜值高的小鲜肉消费捧场，就算片酬高达一个亿，还是有人愿意花这份钱，这无形之中也会推高其他明星的价码。现在一些青春片虽然艺术质量不高，但是票房却高得离谱，就是有投资方和粉丝为他们买单。

但是，明星高片酬现象也并非无药可治，因为这是由于创作能力不足所引发的。所以希望投资人不要动不动就把赌注压在大牌明星身上，而要努力追求故事的精彩和制作的精良，提高影片的艺术品质。真正有实力的导演可以捧红新人，像李安、周星驰等，只有那些实力不足的导演或制片人才总想用小鲜肉的颜值去弥补影视作品的缺陷。

41. 怎样看待“央视离职潮”

【参考范例】

从早年的杨澜、许戈辉、曹颖、赵子琪、文清，到后来的李咏、郎永淳、张泉灵等，央视前前后后退出主播台的名嘴不少，而他们离开央视的原因也有不同说法。有人说是嫌工资低，有人说是为了谋得更好的发展，也有人说是长江后浪推前浪，急流勇退而已。那央视知名主播们纷纷提出辞职的真正原因是什么呢？

我认为，央视主持人频频出走的原因，主要与体制有关。近年来，随着地方卫视的崛起，央视开始感受到多方的压力，于是进行内部调整，尤其是跟地方制作公司合作了多档真人秀节目，这无疑让不少主持人感受到危机。此外，央视尽管有着全国一流的平台，但在管理制度上相对较为严格，在一定程度上限制了主持人的发展。近年来有些地方卫视恰恰能给主持人提供更自由的发展空间。有些央视主持人跳槽后不仅突破个人发展的瓶颈，还为自己带来经济方面的改善。

从短期来讲，主持人辞职确实对央视有损失，毕竟培养一名优秀的主持人不是易事。不过，从长远来看，他们的离开却为央视主持人的人才流动作出了贡献。人才流动才有新鲜血液补充进来，也会为央视带来新的面孔和新的气息，使央视形成人才流动的良性循环。

42. 针对当前国内电视频道众多的现象，你认为是否是资源的浪费？

【参考范例】

粗略估算，目前我国电视台总数已达到3000余家，我国已成为世界电视大国。但电视台的泛滥，资源配置的不合理，也造成频道资源的巨大浪费。在众多频道中，有特色、效益好的电视频道为数不多，绝大多数频道在相互模仿和克隆的怪圈中惨淡经营。这显然是资源的巨大浪费。

目前我国的电视频道众多，竞争压力也非常大。电视频道不仅跟同行竞争，还面临着同广播、报纸、期刊和新媒体的竞争。此外，电视还要同歌厅、酒吧、公园景点、健身房、游艺场所甚至图书馆竞争，争夺观众的闲暇时间。如果电视不能将节目做得更细致、更专业、更有针对性的话，那么再多的电视频道也无法吸引更多的观众。这种电视频道资源的浪费还会加速电视业的衰退。

在媒介竞争的压力下，中国电视业不要以增加频道为竞争的主要手段，而应该着眼于频道专业化的探索。电视频道专业化是大势所趋，也是电视面对竞争所无法回避的现实。在目前上千个频道鏖战正酣、境内外电视同台竞技的环境下，电视工作者要解决好频道专业化过程中存在的突出问题，探索适合中国国情的电视专业化发展途径。我们相信，中国的电视产业会走出一条健康繁荣的发展之路。

43. 如何看待抗日神剧

【参考范例】

抗日剧是近年来兴起的一类影视题材，由于很多抗战剧融入了错误的历史观念、混乱的叙事逻辑、荒唐的情节、夸张的人物以及越轨的台词等，被观众戏称为“抗日神剧”。

“抗日神剧”的出现有多方面的现实原因。近年来，中日关系出现了很多不稳定因素，所以民众可以通过抗战题材的影视作品来宣泄或释放民族情绪。另外，制作方和编剧方忽视历史的真实性，追求离奇荒唐的情节、血腥暴力的场面以及低俗不堪的爱情等，想以此来提高收视率。

抗日剧本身是一个很好的题材，但是应坚决杜绝抗日神剧的出现。影视工作者一定要以严谨认真的态度来创作影视作品，就抗日剧的创作而言，首先要尊重历史。

综上所述，历史题材影视创作应该自觉维护民族尊严和历史事实，坚守思想品格和艺术品质，以现实主义精神和浪漫主义情怀书写这段伟大历程，用社会效益和经济效益俱佳的精品力作来告慰英灵。

44. 如何看待网络直播及“网红”现象

【参考范例】

“网红”是“网络红人”一词的简称，原来是指一些因独特的外貌或特殊的言行在网络上走红的人群，如“芙蓉姐姐”“凤姐”等。而随着斗鱼、熊猫、战旗、龙珠、虎牙、火猫、全民、六间房、酷狗等网络直播平台的兴起，“网红”的数量也急剧攀升。某项调查统计显示，目前“网红”人数已超过100万，八成以上是女性，清一色的锥子脸、高鼻梁、尖下巴。

一些“网红”刻意模仿、言行哗众取宠所引发的负面效应引人关注。特别是目前弥漫于整个网红界且有愈演愈烈之势的庸俗、低俗和媚俗之风更是需要警惕。在“网红”世界里，有通过恶意搞怪、夸大事实等方式来炒红自己的，也有通过传播色情、暴力等影像来博取关注的，更有甚者在自媒体平台上发布一些可以刺激舆论“兴奋点”的言论，妄图“一举成名天下知”。这些恶俗直播屡次触及道德底线，严重挑战和践踏了社会的公序良俗，对广大社会公众，尤其是未成年人群体带来了不良的影响。

这些媚俗的网络直播以及“网红”现象若任由其发展，就会对整个社会产生不可抚平的伤害。这种带有时代烙印的喧嚣氛围所引发的社会浮躁心理正慢慢侵蚀着人们的精神生活。拜金主义、媚俗主义、价值标准扭曲等都是我们面临的必须尽早解决的问题。抵制“网红”不仅需要全民参与，更需要相关部门严格把关，增加对直播平台、社交平台的监管力度。网络不是法外之地，不能让低俗“网红”的“毒”继续蔓延下去。中国梦的实现道路上，需要全社会树立正确的价值观念，保持积极的精神状态。

45. 谈谈你对广场舞的看法

【参考范例】

近年来跳广场舞的市民越来越多，一方面体现了民众对文化生活的需求，另一方面也反映了大众娱乐文化的兴盛，是值得鼓励的。但是现在广场舞却经常被贴上“扰民”的标签，从而受到越来越多民众的抵制。

这种现象的形成是有原因的。目前我国人口老龄化问题越来越严重，老年人尤其是城市中的老年人需要有自己的文化生活。然而，在城镇化飞速发展的同时，城市中的公共空间建设和文化娱乐活动却没有跟上步伐，致使目前的广场舞基本上处于一种无序的发展状态，大多是老百姓自发组织的。没有统一的管理标准就很容易造成无序和混乱，也就容易产生各种各样的矛盾。

广场舞扰民是由一系列社会问题引起的，政府不仅要出台相应的政策法规，规范广场舞的时间和地点；还应该大力拓展城市潜在的公共空间，为民众提供更多的活动场地。同时，城市社区也应该发挥其长效的管理机制和服务功能，全心全意为老年人创造良好的活动环境，例如，规划跳舞场地、统一跳舞时间，甚至进行免费的广场舞专业培训等。另外，还要提高民众的公共素养，邻里之间相互谅解，使不同群体和谐相处。

附录一　即兴评述应试策略

一、即兴评述的概念与特点

1.概念

即兴评述，也就是话题评述，是大多数艺术类院校入学考试和省级艺术类专业统考的重要内容之一。考试形式通常是给定一个题目，要求考生围绕题目展开合理的评述，表明自己的观点，阐述自己的见解，时间大约3分钟。

在艺术类专业考试中，即兴评述具体的评分标准是什么？我们可以参照天津师范大学播音与主持艺术专业考试即兴评述的评分标准，具体如下："考生根据抽到的话题的题目，迅速、有条理地组织内部语言，顺利完成话题的进入、话题的衔接转换、话题的结束等过程。观点鲜明独特，内容充实、言之有物，逻辑严密、结构清晰，倾向明确、目的鲜明。充分运用有声语言技巧，语言通俗简洁，生动灵活，语音规范清晰，声音朴实大方，表达有感染力，有启发性。"

即兴评述的主要目的在于考查考生的思维和语言组织能力、语言表达能力以及随机应变的心理素质。它要求考生思维敏捷，能够快速组织语言，具有较强的记忆力。

2.特点

即兴评述具有如下几个特点：

第一，时间比较紧迫，不可能有很多的准备时间。每个考生抽取到题目之后的准备时间是有限的，而正式进行评述的时间也是一定的。它需要考生用最快的速度构思、打腹稿，列出评述提纲。在平时进行即兴评述的练习时，考生应该把对时间的把握作为练习的一部分。由于每个人思考问题、组织语言和说话的速度都不同，所以通过平时的练习可以基本掌握自己 3 分钟之内的语言容量。一般来讲，即兴评述的总时长为 3 分钟，在 2 分半钟的时候，考场内会有专门的人员对考生进行示意，考生要特别注意。在此时进入即兴评述的收尾部分，是比较合理的时间安排。

第二，面对的观众少，评述的方式和平常的演讲不一样。由于即兴评述所面对的听众比较少，不像中学阶段的演讲比赛，面对很多的听众，因此在音量上要有所控制。有些考生可能接受了一些错误的考试指导，还是用在大礼堂演讲的方式，声音提高八度，使考官觉得“演讲腔”太浓，这样的评述效果往往不太好。用正常说话的音量和考官交流，会比较自然。

第三，评述的语言要精练简洁。作为面试的即兴评述，如何组织口头语言是考官评判考生能力的重要标准之一。虽然每位考生的语言表达特点不同，但要适应即兴评述的应试要求，做到语言简练、言简意赅。

二、即兴评述的试题类型

一般来说，艺术类专业考试中，即兴评述的题目分为两大类型：

1. 围绕一句话进行即兴评述

这句话可能是一句格言、警句、谚语、名言或者是一个观点。这类题型可以细分为下面四个小类：

(1)叙事类，比如“我的童年趣事”“今天是我的生日”“我最难忘的一件事”等。

(2)描述类，比如“我最喜欢的主持人”“我最喜欢的一道菜”“我的家乡”等。

(3)评述类，比如“你认为应该怎样推动中国的慈善公益事业”“中国人是否应该过圣诞节”“我与节能减排”等。

(4)抽象类，比如“宽容”“健康”“我是 90 后”等。

其中,评述类和抽象类是相对较难的,需要一定的技巧和方法。

2.围绕一段材料进行即兴评述

这种题型类似于高考作文中的话题作文或材料作文,一般是一段背景提示,可能是一段新闻、一个消息、一个故事、一个典故等,内容丰富多样,涉及生活的各个方面。例如,有这样一段背景提示:

中国人民大学本科毕业、后在美国耶鲁大学就读的张磊,“已经保证”向耶鲁大学捐赠888.8888万美元,并称耶鲁大学改变了其一生。不少中国网友对此事表示不满,认为张磊不该向耶鲁捐款;也有网友反思说,这是中国教育的失败。对此你有何看法?

(2010年河南省编导制作类专业统考即兴评述试题)

这类试题要求考生做一个生活的有心人,有较宽的知识面,关心社会的热点问题,并有自己独立的见解。在以往的考试中,很多考生由于吃不透背景提示的实质,所提炼的观点也是“捡了芝麻,丢了西瓜”,离题万里。在平时的语文课上,考生要有针对性地进行材料作文训练,尤其是训练从材料中提炼观点的能力。

针对上述两种题型,考生可以在考前突击性地记忆一些通俗易懂、朗朗上口的名言警句,考试时巧妙地运用到即兴评述中。此外,考生也可在考前针对当下热门话题写成作文,然后转化成语言表述。

三、即兴评述的方法技巧

1.完成审题和立意

即兴评述的重点是审题和立意。抽到一个题目,要认真审题,这是第一步。审题的关键是理解题意,抓住题目的中心思想,从而确立中心、组织语言表述,就是“说什么样的话”。例如,“己所不欲,勿施于人”,这个题目重点是后半句中的由己及人的比较判断。如果把重点放在前半句,必然会变成个人好恶的陈述,从而把握不住“勿施于人”的行为自律的题意。所以,要根据这一题意确立自己的观点、立场和态度，由己及人地进行推论，说明自律的重要性。再由这一重要性推导出和谐社会的道德要求，并用人与人相处的正反两方面的具体实例加以证实，形成一篇有层次、有认知过程、有感受、有结论的即兴评述。

立意是在充分理解题意的基础上，对论题进行进一步的阐释，发表自己独到的见解。一般来说，可以从两个方面着手构思：第一个方面是对题目做纵向的深入分析。从常见的生活现象着眼，陈述与论题有关的事例，再从一般定论入手进行分析、举证，然后提出自己的见解，最后进行总结。立意一定要新颖，有思辨力；举证要切题，例子要生动，有一定的信息量和时效性；论证要有力，要合情合理。

第二个方面是对题目做逆向分析。逆向分析不是哗众取宠、引人注意，而是要力求表现自己分析问题的全面性与深刻性，使自己的论点、结论更具说服力。逆向分析要注意正反两方面的举证，注意思维的角度与立场，注意追问为什么，抓住问题的本质，展开论证。

2. 组织思路和结构

“怎么去说”也很关键，这就关系即兴评述的思路和结构问题，具体的要求是思路清晰、结构完整。

思路清晰，关键是梳理论述的逻辑关系，先说什么，后说什么，其内在联系是什么，使听者的注意力始终跟着说者的思路走，达到交流思想的目的。

在进行评述时，考生一定要把握好论点、论据、论证过程之间的关系，做到论点鲜明、论据充分、论证有力。明确地表达自己支持什么、反对什么，论据要服务于论点，避免自相矛盾，论证过程要合情合理，要从身边事说起，做到言之有物、言无不尽。最常用的方法是关键词记忆法、事例排列法、论点推导法。

结构完整是指篇章结构要完整，有开头，有分析，有结论。常用的结构有“总……分……总”“总……分”“分……总”结构法。

3. 联系实际，巧用例证

提炼出观点后，就要考虑用什么例子来证明它，表述尽可能生动有趣。可以选取古今中外的事例，也可以选取发生在自己身边的事情。语言要富有情趣、充满灵性，具体形象，使人闻过则明、听过则通、扣人心弦、引人入胜，而不是套话、空话连篇，做到思想新、立意新、角度新、构思新。

4.说好开头和结尾

我们常说写文章要讲究凤头、猪肚、豹尾，即兴评述也是这样。一个好的开头和令人难忘的结尾，再加上充实的内容，一定会给考官留下深刻的印象。

即兴评述的开头就是开场白，就是给考官的第一印象。如果考生给主考老师留下深刻的印象，给他们耳目一新的感觉，那么考生的即兴评述就成功了一大半。一般来说，常见的开头方式有这样几种：(1)令人耳目一新的题目；(2)讲述一个惊人的事例；(3)提一个问题；(4)说一个与主题相关的轻松笑话；(5)引述一段名人名言；(6)联系材料中的背景提示。

结尾就像一出压轴戏，也是最见功夫的点睛之笔。评述的整体时间要把握好，不要凤头鸡尾，来不及结尾匆匆了事。结束语要概括全篇所讲的内容，要包含题目，采用正话反说、反问、提示等多种手段来强化核心观点。结尾应当有力、简洁，不要啰嗦拖沓。

四、即兴评述的常见问题

1.述多评少，缺乏观点

即兴评述的重点在于“评”，就是要清楚地表达自己的观点。但是有的考生从头到尾讲了一个故事，尽管生动感人，但是没有观点。“评述”可以只评不述，但是不能只述不评，而且要以评为主。评述前，应先告诉考官抽到的是什么题目，或用简洁的一两句话点出材料的主要内容，没有必要长篇大论地再把材料复述一遍。不要以为复述可以拖延时间，考官是在听过你的观点和看法以后才给你分数的。

2.偏题跑题，离题万里

抽到材料后，首先要看清看懂材料，不要以偏概全。所表达的观点要鲜明，不能模棱两可。如果觉得实在找不到切入点，考生可以从个人角度来谈自己对这个题目的理解，只要能说出自己的理由和观点，一样会得到考官的认可。不要将事先准备充足的内容硬往题目上套，否则可能会跑题。

3. 语言啰唆，废话连篇

由于考试时间的限制，考生要在规定的时间内评述话题，语言必须简练。但是一些考生在评述时接连出现“这个”“那个”“那么”“就是说”“嗯”“啊”“然后”之类的冗余信息，还有的考生能一句话说完的分成几句话来说，这些都会造成语意重复、表达啰唆。

4. 泛泛而谈，空洞无物

即兴评述是要考生谈对某一问题的看法，而不是做一篇理论文章或学术演讲。但是有些考生看到话题后，大谈美学、哲学、政治学等，表述又不到位，给人大而无当、空洞无物的感觉。倒不如从身边事例说起，贴近实际，虽然没有豪言壮语、名言警句，但以质朴平实打动考官。

5. 思路混乱，表达不清

有些考生由于没有准备好或紧张的原因，思路混乱，语言含混不清。所以，考生在现场评述时，一定要思路清晰、主题明确，围绕主题展开评述。每个考生的考试时间有限，因此不要有太多观点，避免说得逻辑混乱，甚至自相矛盾。如果观点太多，主考老师往往听得一头雾水，不知道考生到底在表达什么观点。

总之，平时考生可以多找一些相关题目加以练习，积累经验。特别是在参加专业考试之前的一段时间，考生可以在文化课学习之余，进行即兴评述模拟练习，增强自己的实战经验和心理素质，那么在考场上就会得心应手、游刃有余了。

附录二　即兴评述历年考试真题

2013年上海视觉艺术学院广播电视编导专业招生考试试题

谈谈你对央视把大卫像打马赛克一事的看法。

2013年河南师范大学戏剧影视文学专业(山东考点)招生考试试题

1. 印象最深的一部影视作品。
2. 最欣赏的一位导演。
3. 对雾霾现象的看法。
4. “光盘行动”。
5. 社会反腐与社会建设的关系。
6. 日本首相安倍晋三访问中国,针对钓鱼岛采取强硬态度,对此有何看法?

2014年信阳师范学院广播电视编导戏文专业(山东考点)招生考试试题

1. 毕淑敏说过:“树不可长得太快。一年生当柴,三年五年生当桌椅,十年百年的才有可能成栋梁。故要养深积厚,等待时间。”谈谈你对这句话的理解。
2. 湖南卫视引进的韩国节目模式的《爸爸去哪儿》2013年大热,请你谈谈对这种引进外国节目模式火爆事例的看法。

3. 谈谈你对朱自清的认识。

4. 你是怎样理解“幸福”的?

5. 谈谈对霍金“感恩生命”的看法。

6. “忘记拿作业的,需要往家里运书的,要给异校同学送生日礼物的,想买批发市场里的台灯的,都可以花钱找同学代劳……”《北京青年报》记者发现,北京的中学内出现了同学之间的“代跑腿”业务,富学生、懒学生们只要支付几元或十几元小费,就有同学代其跑腿。请你谈谈对这一现象的看法。

7. 毕淑敏说过:“幸福绝大多数是朴素的,它不会像信号弹似的,在很高的天际闪烁红色的光芒。它披着本色外衣,亲切温暖地包裹起我们。幸福不喜欢喧嚣浮华,常常在暗淡中降临。”结合自身经历,谈谈你对这句话的看法。

2014 年南京师范大学泰州学院广播电视编导专业(山东考点)招生考试试题

冯小刚导演加盟 2014 年春晚,你认为怎么样?

2014 年华中农业大学戏剧影视文学专业(湖北考点)招生考试试题

谈谈你对中国目前生态环境的了解和看法。

2014 年河北大学广播电视编导专业(河北考点)招生考试试题

如何看待大学生考公务员热?

2015 年渤海大学广播电视编导专业招生考试试题

1. 新科技时代,我们能取消电视吗?

2. 假如社会给我一次机会……

2015年广西艺术学院戏剧影视文学专业(武汉考点)招生考试试题

1. 你对淘宝“双十一”有什么看法?
2. 根据自身经历谈谈对电影节的看法。

2015年陕西省普通高校播音编导类专业招生统考试题

1. 怎样评价当今选秀节目泛滥的现象?
2. 怎样评价当今社会上的奥数热?
3. 如何看待大学生整容现象?
4. 谈谈你对“得道多助,失道寡助”的理解。
5. 评价《我是歌手》踢馆赛这一环节。
6. 谈谈你最崇拜的一个人。
7. 关于“白色污染”你的看法是什么?
8. 谈谈你对“微笑”的理解。
9. 谈谈当今社会的“环境”问题。
10. 谈谈对当今主持人必须具备表演才能的理解。
11. 如何理解“开卷有益,闭卷无益”这句话?
12. 对当今电视节目出现的媚俗化现象,你的看法是什么?
13. 你认为给同学起绰号好吗?
14. 谈谈你对“金钱不是万能的,没有钱是万万不能的”这句话的理解。
15. 谈谈你对中国文化的理解。
16. 如何彰显青春正能量?
17. 君子是否应该成人之美?
18. 如何理解“青春要读好书,青春要好读书”这句话?
19. 谈谈你最喜欢的一个朋友。
20. 如何理解“地球村”?
21. 如何评价“伪娘”?

22. 谈谈你最尊敬的一位老师。
23. 谈谈你最喜欢的一个作家。
24. 如何看待 AA 制？
25. 谈谈你对诺贝尔奖的理解。
26. 电视剧《武媚娘传奇》因尺度大被删减镜头，你如何看待？
27. 谈谈爱助者与施善者。
28. 你最喜欢的一部影视作品是什么？
29. “青春种下什么，老年就收获什么”，就这句话谈谈你的理解。
30. 如何评价“杜甫很忙”现象？
31. 如何看待微博实名制的问题？
32. 谈谈你对感恩和感谢的理解。
33. 如何看待当今中国的新年贺岁片？
34. 你最想到哪个国家旅游？为什么？
35. 你认为传统书信应不应该存在？
36. 如何理解“人类最未知的恐惧是无知”这句话？
37. 谈谈下雨天给你的启示。
38. 谈谈对于“信用”的理解。
39. 谈谈对于“孝道”的理解。
40. 如何评价“拔苗助长”？
41. 如何看待目前的大学生就业困难现象？
42. 谈谈你对“中国梦”的理解。
43. 评价苏童的作品《妻妾成群》。
44. 谈谈你对“毛遂自荐”的理解。
45. 你最喜欢的艺术形式是什么？
46. 如何理解“重德者必修其身”？
47. 如何理解“士不可不弘毅，任重而道远”这句话？
48. 孩子做家务该不该发工资？
49. 谈谈你对“稳重”的理解。
50. 你对现代电影的看法是什么？

51. 愤怒为什么是错误的?

52. 谈谈你对微博的看法。

53. 赏析"慈母手中线,游子身上衣"。

54. 谈谈新媒体和传统媒体的异同。

55. 谈谈文化传承的问题。

56. 谈谈你对中国传统节日的看法。

57. 谈谈你对电视购物的看法。

58. 如何理解"完美不如缺陷"?

59. 谈谈对"月光族"现象的理解。

60. 如何看待孩子逼迫二胎母亲打胎现象?

61. 怎么看待牌友关系?

62. 如何看待新年贺岁片扎堆现象?

63. 谈谈你对曾国藩文章的评价。

64. 谈谈你对"碰瓷"的看法。

65. 为何近几年青春题材电影盛行?

66. 谈谈你对习近平提出的社会主义核心价值观的理解。

67. 谈谈你对"雾霾"的理解。

68. 请背诵你最喜欢的一首古诗。

69. 如何理解"君子要成人之美"?

70. 公务员报考人数越来越多的现象说明了什么?

71. 对于医患关系问题,你怎么看待?

72. 公共场合燃放烟花爆竹应该被禁止吗?

73. 如何理解"百善孝为先"?

74. 如何理解"不完美就是完美"这句话?

75. 谈谈对于"苦与乐"的理解。

76. 你理想中父母与孩子的关系是怎样的?

77. 国家新闻出版广电总局封杀电视 App,你怎么看?

78. 你最喜欢的电视节目主持人是哪位?

79. 你同意"有话当面说"这一观点吗?

80. 如何看待下跪谢恩师这一行为?
81. 如何评价当面批评背后赞美这一做法?
82. 故事写在纸上不如写在心里,你同意这一说法吗?
83. 对于韩剧在中国"高烧不退"的现象,你的看法是什么?
84. 如何看待"自信"?
85. 如何评价"我捧你的时候你是玻璃杯子,我摔你的时候你是玻璃渣子"这一态度?
86. 人生的五个原则(古文)是什么?
87. "勿以善小而不为,勿以恶小而为之",谈谈你的理解。
88. 你认为智商和情商哪一个更重要?
89. 谈谈你对"己所不欲勿施于人"的理解。
90. 谈谈你对埃博拉病毒的认识。
91. 谈谈你对于"节俭"的理解。
92. 谈谈你对"吃得苦中苦,方为人上人"的理解。
93. 谈谈你喜欢的一句名言。
94. 你怎样看待当前社会的微信热现象?
95. 试论大国崛起的意义。
96. 大陆女婴香港街头小便引起冲突,你如何看待这一事件?
97. 谈谈学习英语的利与弊。
98. 你如何看待"爱之深,恨之切"?
99. 你如何看待陈光标高调做慈善这一行为?
100. 你如何看待当今的国学热现象?

2015 年上饶师范学院广播电视编导专业(河北考点)招生考试试题

1. 湖南某地发生研究生因求职屡屡受挫而自杀的事件,请就此进行 3 分钟评述。
2. 怎样看待怀才不遇?
3. 有的人今天是好人,明天是坏人,今天是天使,明天是恶魔。谈谈你的看法。

4. 你怎样看待延长高技术人员退休年龄的问题?

5. 你怎样看待非法贩卖人体器官的现象?

6. 你为什么来参加考试?

7. 如何理解“没有规矩,不成方圆”这句话?

8. 谈谈你对娱乐至死现象的理解。

9. 谈谈你对《中国汉字听写大会》这档节目的认识。

10. 如何看待食品安全问题?

2015年山西传媒学院广播电视编导专业(河北考点)招生考试试题

1. 谈谈你对“最美丽的语言是微笑”这句话的理解。

2. 介绍一下自己家乡的风俗民情。

3. 假如你是春晚导演,你会怎样策划春晚?

4. 谈谈你对“时间能改变一切”这句话的理解。

5. 谈谈你的财富观。

2016年辽宁省普通高校戏剧与影视学类专业招生统考试题

1. 今天我迟到了。

2. 沈阳这座城。

2016年南京艺术学院广播电视编导专业招生考试试题

2015年11月报道了“《瑞丽时尚先锋》将要停刊”的消息。目前,有的杂志或停发纸质版,或只发数字版。对于“我们即将失去纸质版的避风港”你怎么看待?

2016年福建省普通高校编导类专业招生统考试题

1. 以“网吧”为中心编讲故事。

2. 以关键词“柳絮”“联想”编讲故事。

3. 解释一下:兼听则明,偏听则暗。

4. 请描述一个生活中让人尴尬的情境。

5. 介绍一些日常生活中的小事。

7. 以“夹缝”为关键词讲一段话。

8. 以“商贩、争吵、沮丧”为关键词编讲故事。

9. 以“台灯、音响、笔筒”为关键词编讲故事。

10. 以“幸福”为关键词编讲故事。

11. 以“溪水、古巷、手工艺者”为关键词编讲故事。

12. 男子随意大小便,环卫工人上前阻止而遭男子父母暴打。对此你怎么看?

13. 重阳节一志愿者为老人洗脚洗七次,对此你有什么看法?

14. 以“笔筒、手机、笑容”为关键词编讲故事。

15. 以“偶像”为关键词编讲故事。

16. 描述一个悲伤的场景。

17. 以“没有地址的来信”为关键词编讲故事。

18. 南京一饭店失火,商家要求顾客先结账再逃命。对此你怎么看?

19. 如何证明你妈是你妈?

20. 吃到极甜的东西有什么感官反应?

21. 以“海内存知己,天涯若比邻”为关键词编讲故事。

22. 以“邻居、口红、超市”为关键词编讲故事。

23. 以“夏日、警察、疯狂”为关键词编讲故事。

24. 以“最熟悉的陌生人”为关键词编讲故事。

25. 以“小贩、争吵、悔过”为关键词编讲故事。

26. 以“珍惜”为关键词编讲故事。

27. 以“割舍、恍惚、错误”为关键词编讲故事。

28. 以“钟摆、日历、眼泪”为关键词编讲故事。

29. 以“温暖在身边”为主题做一个电视节目。

30. “他站在录音师的窗前,想着什么时候才能像窗外的其他人那样玩耍……”根据以上陈述编讲故事。

31.“他排了一天的队,还是没有买到车票。一动不动地躺在床上……”根据以上内容编讲故事。

32.围绕“一个人”编讲故事。

33.“他手里捧着一个小小的盒子,面色苍白……”根据以上内容编讲故事。

34.描述一个捡到钱包的场景。

35.以“爸爸”为题编讲故事。

36.谈谈你的梦想。

37.以“感恩”为题说一段话。

38.谈谈网络游戏对青少年的危害。

39.谈谈对“态度决定一切”的看法。

2016年江西省普通高校戏剧影视文学(广播电视编导)专业招生统考试题

1.环卫老人在工作时烤火,被拍到后就被辞职。

2.阿姨丢狗,拿400万的房子答谢。

3.“90后”辣妈为女儿庆生走T台,服装为国外高档品牌。

4.北京某女大学生出入境时因穿着太暴露被遣返。

5.国家新闻出版广电总局多次禁播娱乐节目。

6.十八届五中全会。

7.很多人在母亲节发图片在网络上送祝福,你认为这样的孝顺是真正的孝顺吗?

8.Wifi全覆盖你怎么看?

9.小学生成绩不好被当成弱智儿童,老师让家长带孩子去看医生,结果测试结果显示智商高于常人。

10.家长和孩子捡到钱包,孩子想从中拿钱买自行车,妈妈想反讹失主1000元。

11.浙江一小学让12岁学生考自行车驾照。

12.敬辞和谦辞。

13. 3 岁小孩高空抛物砸到老人只因为模仿熊大，你如何看待动画片对小孩子的影响？

14. 老人火车上发病，三名理工学生科学救助。

15. 荆州“东方之星”沉船事件发生后，应不应该暂停娱乐？

16. 雾霾。

2017 年湖南省普通高等院校广播电视编导专业招生联考试题

1. 微信的利与弊。
2. 谈一谈你对于我国教育的看法。
3. 请介绍一下长沙保卫战。
4. 小学生延时上课可取吗？
5. 如何看待考试作弊？
6. 你怎么看待幼儿园收费高？
7. 如何看待平衡车事件？
8. 怎么看待朴槿惠下台？
9. 谈谈对于浙江“摔倒哥”的看法。
10. 你觉得高校开设种田课有没有必要？
11. 你觉得警察为追手机跑三千里值得吗？
12. 对于百度高调退费，你怎么看？
13. 你认为网络评论对电影业有没有影响？
14. 针对湖南卫视节目制作谈一谈你的看法。
15. 说一说魔幻电影和科幻电影的区别。
16. 应不应该拒绝导盲犬上车？
17. 如何看待坐车逃票入信用档案？
18. 有人说心情不好会导致人生病，你怎么看？
19. 豆瓣评分电影得分太低，是否阻碍电影发展？
20. 立法能不能给“扶老人”撑腰？
21. 你怎么看待物质生活越丰富想要的东西却越少了？

22. 如何让自己成为一个有趣的人?
23. 你怎么看待老师抄袭学生论文的事件?
24. 女孩因为不想上培训班打110报警,你怎么看?
25. 放假期间,老师AA制聚餐,被通报批评。你怎么看?

2017年山西省普通高校编导戏文类专业招生联考试题

1. 如何让你的团队有凝聚力?
2. 如何看待"志当存高远"?
3. 没有规矩,不成方圆。
4. 中国四大名著你喜欢哪个,为什么?
5. 谈谈你对曹操的评价。
6. 说出你最喜欢的朝代,为什么?
7. 你喜欢国产动漫还是日本动漫?
8. 最喜欢的艺术形式是什么?
9. 如何看待审丑?
10. 谈谈宋江。
11. 谈谈鲁迅。
12. 你喜欢影视剧中的谁?为什么?
13. 分析孙悟空这一人物形象。
14. 谈谈校园霸凌事件。
15. 谈谈你对微信的看法。
16. 谈谈你最不能忍受的一个习惯。
17. 谈谈网红现象。
18. 网购和实体店,你更看好哪个?
19. 如果回到秦朝,你如何阻止秦始皇焚书坑儒?
20. 说一下你最喜欢的手机App。
21. 谈谈你最喜欢的作家。
22. 你最有意思的梦是什么?

23. 说一下你最喜欢的电影。

24. 说一下你最喜欢的男演员。

25. 谈谈电影的高口碑和低票房的关系。

26. 最喜欢国产片还是美国大片？

27. 互联网怎样改变了你的生活？

28. 如何看待影视作品中“小鲜肉”的崛起？

29. 谈谈你印象中的春晚。

30. 如何理解青春？

31. 如何看待抗日神剧？

32. 谈谈父母让你最感动的瞬间。

33. 如果穿越到古代，你要怎么办？

34. 谈谈你的家乡。

35. 五年之后你想成为什么样的人？

36. 成功的团队需要有哪几种人？

37. 如何评价孝？

38. 说说你最想创造的影视剧形象。

39. 你喜欢现在的自己吗？

40. 如何看待同性恋现象？

41. 谈谈你的父亲母亲。

42. 谈谈你最喜欢的一种传统文化艺术形式。

43. 谈谈仇富心理。

44. 谈一下：有一种失败叫占有，有一种成功叫撤退。

45. 编导需要的特质是什么？

46. 说说你最向往的一座城市。

47. 谈谈文化传承。

48. 谈谈你认为一名导演必要的特质。

49. 谈谈最喜欢的导演。

50. 你怎么看待成功（或成功的人）？

51. 如何认识你自己？

52. 谈谈大智若愚。
53. 百善孝为先吗?
54. 谈谈你最喜欢的外国名著。
55. 为什么君子之交淡如水?
56. 谈谈你对大繁至简的看法。
57. 谈谈你最后悔的一件事。
58. 分析《大闹天宫》中的人物形象。
59. 网络使人与人之间的关系更紧密还是更松散?
60. 你最喜欢的人是谁?
61. 你最喜欢的一道菜是什么?
62. 谈谈你最初的梦、你最想创作的故事。
63. 退一步海阔天空吗?
64. 谈谈你对戏剧影视文学的理解。
65. 谈谈二孩政策。
66. 说一下你最喜欢的古典音乐。
67. 你最喜欢哪种类型的书籍?
68. 谈谈环境污染。
69. 微博和微信哪个使用率更高?
70. 戏剧文学哪个朝代最发达?
71. 说说你最喜欢的图书。
72. 谈谈你最欣赏的历史人物。
73. 你最喜欢的类型电影是什么?
74. 你的爱好是什么?
75. 用函数来列举各朝各代。
76. 旺旺雪饼被举报了吗?
77. 谈谈你最喜欢的元曲。
78. 如何看待婚前性行为?
79. 莎士比亚有哪些著作?
80. 谈谈对国家濒临灭绝的动物的看法。

81. 谈谈对过洋节的看法。

82. 你最喜欢的国外男女明星是谁?

83. 你最喜欢的歌曲是什么?

84. 人和动物的区别是什么?

85. 你有没有讨厌的人? 为什么?

86. 你觉得对你影响最大的污染问题是什么?

87. 谈一下你最喜欢的动作片。

88. 谈谈南海仲裁案。

89. 对于剧本来说什么是最重要的?

90. 谈谈你印象最深的一位老师。

91. 列举几个你最熟悉的中草药。

92. 你最喜欢的科目是什么?

93. 你看过哪些戏剧?

94. 你是喜欢倾听还是诉说?

95. 谈一谈供给侧改革。

96. 谈一谈你最喜欢的悲剧大师。

97. 诗、词、歌、赋你喜欢什么?

98. 如果抽中 100 万彩票,你会做什么?

99. 谈谈全球变暖问题。

100. 你喜欢《红楼梦》中的哪个人物?

101. 电视剧、电影、新闻节目、综艺节目,你喜欢哪个?

102. 你最喜欢在哪个城市生活?

103. 中国的画家你知道哪些?

104. 老虎与狮子相遇,谁会赢?

105. 谈谈你对 3D 电影的认识。

106. 谈谈你印象最深的作家。

107. 谈谈你对广告的理解。

108. 如果你是悬疑片导演,你会首选什么场景?

109. 谈一位你最喜欢的喜剧大师。

110. 新旧版电视剧《红楼梦》,你喜欢哪个?

111. 怎么证明你妈是你妈?

112. 你怎么看待圆周率的形成与发展?

113. 如何看待二人转?

114. 谈一谈二次元。

115.《甄嬛传》中,你喜欢哪个人物?

116. 如何看待网络剧的发展和下架?

117. 谈谈学习历史的重要性。

118. 你认为艺术的功能是什么?

119. 微笑是世界上最美的语言吗?

120. 谈谈你对武侠电影的理解。

121. 你对环境保护的建议有哪些?

122. 谈谈你对美的理解。

123. 如何看待网络暴力?

124. 把文学作品改变成电影,应注意什么?

125. 要注重经济发展还是环保?

126. 手机带来的影响有哪些?

127. 谈谈野生动物保护。

128. 谈谈你的恋爱观。

129. 如何表达艺术?

130. 你对移动手机的看法如何?

131. 是干一行爱一行,还是爱一行干一行?

132. 巧妇难为无米之炊吗?

133. 如何看待双面人?

134. 读万卷书好还是行万里路好?

135. 音乐和舞蹈,你喜欢哪种?

136. 谈谈你对创新的理解。

137. 谈谈你对智能手机的看法。

138. 梅花香自苦寒来吗?

139. 说说你家乡的传统艺术。

140. 你有哪些有效的学习方法?

141. 谈谈高中班主任。

142. 勿以恶小而为之,勿以善小而不为。谈谈你的理解。

143. 互联网给你带来了什么?

144. 说说中学时期最难忘的一件事。

145. 如何看待顺境和逆境?

146. 谈谈你的消费观。

147. 说说对磨刀不误砍柴工的理解。

148. 中学生应该看电影吗?

149. 谈谈整容问题。

150. 电影中演员和剧本哪个重要?

151. 高中生应该进行艺术教育吗?

152. 你觉得艺术的功能是什么?

153. 怎样看待中国传统艺术的创新?

154. 你去过的城市有哪些?

155. 谈谈理想。

156. 谈谈家乡的美食。

157. 如何看待鲁迅弃医从文?

158. 说说你最喜欢的神话故事。

159. 要不要逃离北上广?

160. 你最想考哪个大学?

161. 如何看待减肥事件?

162. 谈谈高中生追星问题。

163. 谈谈网络流行语。

164. 谈谈苹果手机。

165. 怎样看待周星驰的电影?

166. 有颜值没有演技的演员会红吗?

167. 谈谈央视春晚。

168. 谈谈网购。

169. 最想和谁去旅游? 为什么?

170. 怎样看待粉丝为明星买礼物?

171. 任意举出唐宋八大家中的一个进行分析。

172. 演员为什么靠脸走红?

173. 谈一部迪士尼电影。

174. 谈谈生病的经历。

175. 谈谈梅兰芳的表演艺术。

176. 谈谈《平凡的世界》。

177. 谈谈郭沫若。

178. 谈谈喜欢的纪录片。

179. 假如你的朋友生病了,你会怎么办?

180. 谈谈网络直播。

181. 如何看待曹禺的《雷雨》?

182. 说说今年你感兴趣的新闻。

183. 列举"初唐四杰"和莎士比亚的作品。

184. 谈谈林丹出轨。

185. 谈谈王宝强离婚。

186. 谈谈你最喜欢的一篇短文。

187. 编剧对电影的影响如何?

188. 谈谈对网络神曲的看法。

189. 评述高考落榜。

190. 评述网络小说改变电影。

191. 成功的电影需要票房吗?

192. 谈谈对广场舞的看法。

193. 课余时间怎么安排?

194. 谈谈文艺片和商业片。

195. 如何评价烂片?

196. 谈谈最近看过的一部电影。

197. 如何评价《百鸟朝凤》?

198. 如何区分假冒伪劣产品?

199. 怎样看待景区小贩?

200. 怎样看待中日关系?

201. 怎样看待艺术与国界?

202. 如何做到不忘历史?

203. 怎样看待景点宰客行为?

204. 怎样看待雾霾?

205. 怎样看待一考定终身?

206. 谈谈你最喜欢的运动。

207. 怎样看待西方电影中运用中国元素?

208. 怎样看待电影《美人鱼》?

209. 怎样看待文化传承?

210. 怎样看待应试教育?

211. 怎样看待金庸小说中的人物?

212. 说一下《红楼梦》中刘姥姥这一人物形象。

213. 谈谈对出国留学怎么看?

214. 学校应该分快慢班吗?

215. 谈谈禁烟令。

216. 喜欢传统音乐还是西方音乐?

217. 怎样看待 IP 剧?

218. 怎样看待房贷?

219. 怎样看待白百何的白氏幽默?

220. 怎样看待老虎伤人事件?

221. 对于白岩松的看法。

222. 谈谈对报纸的看法。

223. 谈谈万变不离其宗。

224. 在公共场所遇到老人跌倒扶不扶?

225. 评价《舌尖上的中国》。

226. 怎样看待希区柯克?

227. 怎样看待冯小刚的电影?

228. 自然地理和人文环境,你更喜欢哪个?

229. 说说对张艺谋电影的评价。

230. 怎样看待陌生人?

231. 谈谈旅游的意义。

232. 你会把一元钱给弹唱少年还是拾荒乞丐呢?

233. 谈谈你最喜欢的课外书。

234. 你介意你的父母再给你生个小弟弟或小妹妹吗?

235. 如何保护个人信息安全?

236. 你被陌生人帮助过吗?

237. 谈谈网络监管。

238. 谈谈你理想中的大学老师。

239. 你喜欢几点看新闻?

240. 谈谈对早恋的看法。

241. 你通过什么渠道了解新闻?

242. 你觉得自己美吗?

243. 说出电影与电视的三处不同。

244. 一百万与名牌大学你选哪个?

245. 谈谈独生子女。

246. 如何看待演员的天价片酬?

247. 你一直单身是因为学校不让谈恋爱?

248. 谈谈对好莱坞电影的理解。

249. 谈谈你最喜欢的数值。

250. 文科生和物理生谁更有出息?

251. 谈谈你最喜欢的花。

252. 怎样看待互联网泄露个人信息?

253. 如何做到坚持不懈?

254. 你自己做过发型吗?

255. 谈谈你最拿手的一道菜。

256. 谈谈你最喜欢的树。

257. 如果你有钱，是给残疾人还是给有梦想的孩子？

258. 谈谈你最喜欢的体育明星。

259. 中学禁止男生长发女生短发，你怎么看？

260. 道德与法律哪个重要？

261. 谈谈最应该坚守的品质。

262. 怎样看待足球场黑哨？

263. 电视剧中是否应该插播广告？

264. 如何看待音乐具有强大的感染力？

265. 怎样看待国学热？

266. 谈谈山西的一位名人。

267. 你喜欢湖南卫视的栏目吗？为什么？

268. 怎样看待出国热？

269. 你如何看待相声艺术？

270. 朋友圈中的微商你会不会屏蔽？

271. 怎样看待青春电影？

272. 中学生如何传承文化？

2018 年即兴评述热点话题

1. 谈谈你对中国梦的认识。

2. 谈谈你对“一带一路”的认识。

3. 谈谈你对雄安新区的认识。

4. 谈谈你对“江歌案”的看法。

5. 谈谈你对杭州保姆纵火案的看法。

6. 谈谈你对携程亲子园虐童案的看法。

7. 谈谈你对《战狼 2》这部电影的看法。

8. 韩国执意部署萨德，国人自发抵制乐天。谈谈你对这一事件的看法。

2019年即兴评述热点话题预测

1. 2018年10月23日,港珠澳大桥开通仪式在广东珠海举行。谈谈这座大桥对于区域发展的意义。
2. 《我不是药神》为什么能成为2018年票房黑马?
3. 谈谈你对《我就是演员》这个节目的看法。
4. 谈谈你对《一本好书》这个节目的看法。
5. 人工智能将为我们带来什么?
6. 谈谈《未来简史》带给我们的思考。

附录三　延伸阅读书目

白龙.播音主持专业高考面试题解[M].北京:中国传媒大学出版社,2007.

李建伟.主持人话题宝典[M].开封:河南大学出版社,2008.

张洁.青少年播音主持训练教程[M].北京:中国传媒大学出版社,2007.

薛金星.议论文:论点论据论证手册[M].北京:北京教育出版社,2010.

季小兵.中学生议论文论点论据论证大全[M].北京:首都师范大学出版社,2010.

应天常,王婷.主持人即兴口语训练[M].北京:中国传媒大学出版社,2009.

谢伦浩.即兴说话素材大全[M].北京:石油工业出版社,2006.

张颂,等.播音主持专业考试指南[M].北京:中国广播电视出版社,2003.

田征.高考作文话题作文创新思路开发[M].北京:人民日报出版社,2009.

蔡智敏.全国百所名校话题示范作文(高中卷)[M].长沙:湖南人民出版社,2010.

季小兵.高中生议论文最新分类辅导全能宝典[M].北京:首都师范大学出版社,2009.

梁颂.高中生议论文分类辅导大全[M].北京:北京邮电大学出版社,2008.

朱永文.高中生议论文论点论据论证(专家解密版)[M].北京:海豚出版社,2007.

王洪.高中生名校考点论点论据论证大全[M].合肥:安徽文艺出版社,2010.

张向杰.高中生议论文精选范本[M].北京:北京邮电大学出版社,2010.

第1版后记

《即兴评述话题宝典》终于完稿了,欣喜之情无以言表。

即兴评述是影视艺术类专业面试中一项重要内容,是最能体现考生综合能力的一个考试环节。我们精心编写了这本《即兴评述话题宝典》,希望能够帮助考生顺利通过这项考试,取得理想的考试成绩。

在本书的编写过程中,我们得到了很多人的关心和帮助。首先要感谢中国影视艺考培训联盟的各位成员,谢谢你们的鼎力支持,为编写本书提供了各种素材。因为你们的支持和帮助,我们才有了工作的动力。

感谢山东世博文化集团的刘卫东总裁,他是山东文化产业的先锋人物和开拓者,在繁忙的工作之余对本书予以高度关注,为本书的完稿和出版提供了大力支持。

这本书编写过程中,虽然我们尽最大的努力以求做到最好,但也难免存在不足之处,还望各位读者批评指正,以便我们在以后的修订中认真改正。

本书采用的一些资料援引自互联网,未能一一标明出处,在此对这些资料的作者和提供者表示歉意和诚挚的感谢。

赵海卫

2012年12月于济南

图书在版编目(CIP)数据

即兴评述话题宝典/赵海卫主编. —2 版. —北京:中国传媒大学出版社,2018. 12（2020.10重印）
（影视艺术类专业考前专项突破教材）
ISBN 978-7-5657-2182-3

Ⅰ. ①即… Ⅱ. ①赵… Ⅲ. ①播音—语言艺术—高等学校—入学考试—自学参考资料
②主持人—语言艺术—高等学校—入学考试—自学参考资料 Ⅳ. ①G222. 2

中国版本图书馆 CIP 数据核字（2017）第 327006 号

即兴评述话题宝典(第 2 版)
JIXING PINGSHU HUATI BAODIAN(DI-ER BAN)

主　　编	赵海卫
策划编辑	赵　欣
责任编辑	赵　欣　张　笛
特约编辑	高卓毓
责任印制	李志鹏
封面设计	风得信设计·阿东
出版发行	中国传媒大学出版社
社　　址	北京市朝阳区定福庄东街 1 号　邮编:100024
电　　话	86—10—65450528　65450532　传真:65779405
网　　址	http://cucp. cuc. edu. cn
经　　销	全国新华书店
印　　刷	北京中科印刷有限公司
开　　本	787×1092mm　1/16
印　　张	14. 5
字　　数	229 千字
版　　次	2018 年 12 月第 2 版
印　　次	2020 年 10 月第 2 次印刷
书　　号	ISBN 978-7-5657-2182-3/G·2182　　**定　　价**　42. 00 元